Langenscheidt

Pocket-Langues Pour Tous

Sofort im Geschäft Japanisch

Fachwortschatz und Sprachführer
für Geschäftsgespräche

von Yuko Namiki

Langenscheidt

Berlin · München · Wien · Zürich · New York

Übersetzung und Adaption für deutschsprachige Benutzer:
Dr. Martina Ebi

Bibliografische Information der Deutschen Nationalbibliothek
Die Deutsche Nationalbibliothek verzeichnet diese Publikation in der Deutschen Nationalbibliografie; detaillierte bibliografische Daten sind im Internet über http://dnb.ddb.de abrufbar.

Eingetragene (registrierte) Marken sowie Gebrauchsmuster und Patente sind in diesem Wörterbuch nicht ausdrücklich gekennzeichnet. Daraus kann nicht geschlossen werden, dass die betreffenden Bezeichnungen frei sind oder frei verwendet werden können.

Published originally under the title „Faire des affaires tout de suite en japonais“

Satz: Peter Vogelpoel, Champigny-sur-Marne
Druck: Mercedes-Druck, Berlin
Printed in Germany
ISBN 978-3-468-21923-8

10010

INHALTSVERZEICHNIS

VORWORT

• Das Ziel dieses Buches liegt in der Anwendung der japanischen Geschäftssprache. Ein japanischer Text besteht aus drei Schriftsystemen: den Ideogrammen chinesischer Herkunft, den KANJI, der Silbenschrift HIRAGANA mit ihren 46 Zeichen, welche die Grundlage bildet und als erste Schrift von japanischen Kindern erlernt wird, sowie der Silbenschrift KATAKANA mit ebenfalls 46 Silbenzeichen, die den Hiraganasilben entsprechen und die zur Wiedergabe von Fremdworten dienen.

• Alle deutschen Sätze sind übersetzt und in Hiragana und Katakana dargestellt, damit man sie sofort ohne Kanjikenntnisse anwenden kann. Nichtsdestotrotz ist die Beherrschung der Kanji sehr wichtig und Japaner verwenden ab der Grundschule viele Stunden darauf. Zwischen dem 7. und 12. Lebensjahr lernen japanische Kinder ca. 1.000 chinesische Schriftzeichen; sie lernen dann weiter bis zum Gymnasium, das sie mit einem Wissen von insgesamt 1.945 Kanji abschließen, womit sie offizielle Dokumente oder Zeitungstexte lesen bzw. schreiben können. Es sind die Kanji, die den Ausländern den Erwerb des Japanischen erschweren und sie manchmal entmutigen. In diesem Buch wird daher das folgende Ziel verfolgt: japanische Sätze auszusprechen ohne Angst vor den Kanji zu haben. Für fortgeschrittene Leser sind die wichtigen Wörter in den Erklärungen auch in Kanji geschrieben.

• Beim Geschäftsjapanisch ist die Beherrschung der Höflichkeitssprache KEIGO unabdingbar. Es wurde daher versucht, in diesem Buch die grundlegenden Regeln der Höflichkeitssprache zu erklären.

• Im Zuge der Globalisierung der Märkte studieren viele Japaner Fremdsprachen, vor allem Englisch. Die Kontakte mit Ausländern laufen häufig auf Englisch. Aber wenn Sie einfach ein paar Worte auf Japanisch austauschen können, werden die Japaner beeindruckt sein und Sie bewundern, denn sie selbst unternehmen viele Anstrengungen, eine Fremdsprache zu erlernen. Und trotz der anfänglichen Schwierigkeiten wird es den ein oder anderen Japaner geben, der Ihnen hilft. Viel Erfolg!

• Vorschläge und Ergänzungen zur Verbesserung dieses Werkes nehmen Autor und Verlag gern entgegen. Bitte schreiben Sie an die Redaktion Langenscheidt Fachverlag, Langenscheidt KG, Postfach 40 11 20, D-80711 München.

Der Verlag

KURZER ÜBERBLICK ÜBER DIE GRAMMATIK

- Substantive haben kein Genus (Maskulinum/Femininum/Neutrum), keinen Numerus (Singular/Plural), keinen Artikel (*der, die, das, ein, eine, eine*). Diese Informationen (Numerus, Definitheit) sind aus dem Kontext zu erschließen. In allen Beispielsätzen sind daher für die maskulinen auch die femininen Bezeichnungen einsetzbar.

- Das Subjekt des Satzes wird oft ausgelassen, wenn es aus dem Kontext hervorgeht, wie zum Beispiel bei Fragen und Antworten. Das Subjekt wird vor allem dann ausgelassen, wenn es sich um die Personalpronomen der 2. Person, あなた *du* und あなたたち *ihr*, handelt. Denn in Japan gilt es als unhöflich, verbal auf einen Gesprächspartner zu verweisen, den man nicht gut kennt. Andere Formen der Personalpronomen (*mich, dich, ihm, ihr...*) oder Possessivpronomen (*mein, dein, sein...*) werden ebenfalls selten ausgedrückt. Es gibt auch keine Entsprechung für das unpersönliche Subjekt *man*.

- Die Adjektive werden nicht dekliniert. Sie ändern ihre Endung nur, wenn sie zum Beispiel in die Vergangenheit gesetzt oder verneint werden.

- Das Verb steht immer am Satzende und bleibt bei allen Personen, im Singular und im Plural gleich. Es gibt nur zwei Zeiten: die Vergangenheit und die Nicht-Vergangenheit. Japaner unterscheiden also nicht ausdrücklich zwischen dem Präsens und dem Futur. Da es keine spezielle Futurform gibt, verwendet man das Präsens. Es gibt auch nur ein Vergangenheitstempus, und nur der Kontext kann die zeitliche Bedeutung, ob es sich um Perfekt oder Plusquamperfekt handelt, klären.
  Um die fragliche Zeit einordnen zu können, muss man den Kontext und vor allem die Verwendung der Zeitadverbien kennen.

- あなた, [anata] *Sie*, drückt nicht wie im Deutschen Höflichkeit gegenüber dem Gesprächspartner aus: es wird eher gegenüber vertrauten Personen verwendet. Im Japanischen gibt es keinen Unterschied zwischen Duzen und Siezen, die Höflichkeitssprache KEIGO erfüllt eine vergleichbare Funktion.

HÖFLICHKEITSSPRACHE

けいご（敬語）

Das Beherrschen der Höflichkeitssprache ist nicht nur wichtig, um die hierarchische Stellung zwischen dem Sprecher, dem Hörer und einer dritten Person deutlich zu machen, sondern auch um sich mit einer gewissen Eleganz auszudrücken. Die Höflichkeitssprache erlaubt es dem Sprecher ferner, eine Distanz zum Hörer zu wahren.

Bei der Höflichkeitssprache unterscheidet man 3 Verbkategorien:

- そんけいご（尊敬語）[sonkeigo] *Verben der Ehrerbietung*:
  Der Sprecher verwendet sie, um seinen Respekt gegenüber der Person, über die oder mit der er spricht, auszudrücken. Die Person, welcher der Sprecher Respekt erweist, kann sein Gesprächspartner oder eine dritte Person sein, niemals jedoch er selbst.

- ていねいご（丁寧語）[teineigo] *Verben der Höflichkeit*:
  Der Sprecher drückt damit Höflichkeit gegenüber dem Gesprächspartner aus. Diese Worte schaffen daher kein Verhältnis der sozialen Unterordnung. Die Endungen ます, です, でございます die an die Verben, i-Adjektive und na-Adjektive* oder Substantive angehängt , um den Satz zu vervollständigen, gehören ebenso zu dieser Gruppe, wie die Höflichkeitspräfixe ご oder お.

- けんじょうご（謙譲語）[kenjôgo] *Verben der Bescheidenheit*:
  Der Sprecher ordnet sich verbal seinem Gesprächspartner oder einer dritten Person gegenüber unter, wenn er von sich selbst oder seinen Handlungen spricht.

* Na-Adjektiv : man nennt sie auch „Verbaladjektive“. Einige japanische na-Adjektive werden als Verben ins Deutsche übersetzt. Vor einem Substantiv nehmen sie die Endung な zu sich.
Bsp. : すき(な) *mögen*, きらい(な) *hassen*, じゅうよう(な) *wichtig*.

HÄUFIG VERWENDETE VERBEN

<table>
<tr><th>Subjekt</th><th colspan="3">Gesprächspartner oder eine dritte Person</th><th>ich, wir : Sprecher</th></tr>
<tr><td rowspan="2">ていねいご
Verb der Höflichkeit: endend auf ます
(Verb in der Grundform)</td><td colspan="3">そんけいご
Verb der Ehrerbietung
＋ます</td><td rowspan="2">けんじょうご
Verb der Bescheidenheit
＋ます</td></tr>
<tr><td>Typ ①</td><td>Typ ②</td><td>Typ ③</td></tr>
<tr><td>います
(いる)
sein, sich befinden</td><td>おられます</td><td>いらっしゃいます</td><td></td><td>おります</td></tr>
<tr><td>します
(する) machen</td><td>されます</td><td>なさいます</td><td></td><td>いたします</td></tr>
<tr><td>きます
(くる) kommen</td><td>こられます</td><td rowspan="2">いらっしゃいます
おいでになります</td><td></td><td rowspan="2">まいります
うかがいます</td></tr>
<tr><td>いきます
(いく) gehen</td><td>いかれます</td><td></td></tr>
<tr><td>たずねます
(たずねる)
besuchen, vorbeikommen</td><td>たずねられます</td><td></td><td>おたずねになります</td><td>うかがいます</td></tr>
<tr><td>いいます
(いう) sagen, heißen</td><td>いわれます</td><td>おっしゃいます</td><td></td><td>もうします
もうしあげます</td></tr>
<tr><td>ききます
(きく) hören</td><td>きかれます</td><td></td><td>おききになります</td><td>うかがいます
はいちょうします</td></tr>
<tr><td>おもいます
(おもう) denken</td><td>おもわれます</td><td></td><td>おおもいになります</td><td>ぞんじます</td></tr>
<tr><td>たべます
(たべる) essen</td><td></td><td>めしあがります</td><td></td><td>いただきます</td></tr>
<tr><td>あいます
(あう) treffen</td><td>あわれる</td><td></td><td>おあいになります</td><td>おめにかかります
おあいします</td></tr>
<tr><td>みます
(みる) sehen</td><td></td><td></td><td>ごらんになります</td><td>はいけんします</td></tr>
<tr><td>あたえます
(あたえる) geben</td><td></td><td>くださります</td><td>おあたえになります</td><td>さしあげます</td></tr>
</table>

Typ ① : mit den Endungen れる oder られる. Einige dieser Formen können auch als Passiv oder zum Ausdruck der „Möglichkeit-Fähigkeit“ verwendet werden.
Typ ② : diese Formen sind Sonderformen.
Typ ③ : Der Bildungstyp お/ご…になる drückt den höchsten Grad an Respekt aus.

VERBEN DER HÖFLICHKEIT
ていねいご（丁寧語）

1. Die Endungen der Höflichkeit ます, です, でございます
Diese Endungen stellen die einfachste und gängigste Möglichkeit dar, auf Japanisch höflich zu sein. Die Endungen sind für alle Personen, für Singular und Plural gleich.

- ます wird an Verben angehängt, auch an Verben der Ehrerbietung und der Bescheidenheit.
- です ist die höfliche Variante von だ *sein*, und wird an i-Adjektive, na-Adjektive und Substantive angehängt.
- でございます: hat die gleiche Funktion wie です, ist jedoch höflicher.

Gegenwart	Gegenwart-verneint	Vergangenheit	Vergangenheit-verneint
Verben + ます			
ます [masu]	ません [masen]	ました [mashita]	ませんでした [masen deshita]
na-Adjektiv/Substantiv + です			
です [desu]	ではありません [dewa arimasen]	でした [deshita]	ではありませんでした [dewa arimasen deshita]
でございます [de gozaimasu]	ではございません [dewa gozaimasen]	でございました [de gozaimashita]	ではございませんでした [dewa gozaimasen deshita]
Adjektiv + です			
です [desu]	ありません [arimasen]	です [desu]	ありませんでした [arimasen deshita]
BEISPIEL			
たかいです。 Das ist teuer.	たかくありません。 Das ist nicht teuer.	たかかったです。 Das war teuer.	たかく　ありませんでした。 Das war nicht teuer.

Die Gegenwartsform der Endungen kann auch in Aussagen über die Zukunft stehen.

Die Endungen haben nur eine Vergangenheitsform, der Kontext bestimmt die zeitliche Einordnung Perfekt, Plusquamperfekt etc.

Wenn eine Endung an die Grundform der Verben angehängt wird, ändert sich diese je nach Verb. Dies ist auch bei Adjektiven der Fall. Japanische Adjektive haben auch eine Vergangenheitsform. Siehe das Beispiel in obiger Tabelle.

2. Die Höflichkeitspräfixe お und ご
Indem ein Sprecher お oder ご vor ein Substantiv oder ein Verb stellt, drückt er seinen Respekt gegenüber der Person, von der er spricht, sei es im Sinne bloßer Höflichkeit oder des Respekts aus.

Für weitere Informationen siehe S.69.

1A WIRTSCHAFT

1 Die wirtschaftliche Lage ist [gut/schlecht].

2 Unser Land durchläuft eine schwere wirtschaftliche Krise.

3 Die Wirtschaft [erholt sich/ist nach wie vor am Boden].

4 Das Wirtschaftswachstum in China [nimmt rapide zu/ geht rapide zurück].

5 Die Geschäfte gehen [gut/schlecht].

6 Die Prognosen wurden nach [oben/unten] korrigiert.

7 Die Nachfrage [nimmt zu/nimmt ab/stagniert].

8 Die Kaufkraft der Haushalte hat [zu/ab]genommen.

9 Die Arbeitslosenquote ist um 3% gesunken.

10 Die Produktion ist um 5% [gestiegen/gesunken].

11 Das Bruttosozialprodukt ist um 2% [gestiegen/gesunken].

12 Die Zinsen sind [gestiegen/gefallen].

13 Der Großteil der Indizes befindet sich [im Aufwärts-/ im Abwärts-] Trend.

14 Die Unternehmer zeigen sich [optimistisch/pessimistisch].

15 Der Verbrauch ist [gestiegen/zurückgegangen].

1A けいざい

1 けいきは[よい / わるい] です。
Keiki wa [yoi/warui] desu.
2 わがこく は しんこくな ふきょう に みまわれています。
Wagakoku wa shinkoku na fukyô ni mimawarete imasu.
3 けいき は [かいふくしています /
あいかわらず おちこんでいます]。
Keiki wa [kaifuku shite imasu/
aikawarazu ochikonde imasu].
4 ちゅうごく では けいざいせいちょう が おおはばに
[すすんでいます / しゅくしょうしています]。
Chûgoku dewa keizaiseichô ga ôhabani
[susunde imasu/shukushô shite imasu].
5 じぎょう は [こうちょう です / ていめいしています]。
Jigyô wa [kôchô desu/teimei shite imasu].
6 みとおし は [じょうほう / かほう] しゅうせいされました。
Mitôshi wa [jôhô/kahô] shûsei saremashita.
7 じゅよう が [ぞうか / げんしょう / ていめい] しています。
Juyô ga [zôka/genshô/teimei] shite imasu.
8 かてい の こうばいりょく が [じょうしょう / ていか] しました。
Katei no kôbairyoku ga [jôshô/teika] shimashita.
9 しつぎょうりつ は さんパーセント ていかしました。
Shitsugyôritsu wa sanpâsento teika shimashita.
10 せいさん は ごパーセント [ぞうか / げんしょう] しました。
Seisan wa gopâsento [zôka/genshô] shimashita.
11 こくみんそうせいさん は にパーセント [ぞうか / げんしょう] しました。
Kokumin sôseisan wa nipâsento [zôka/genshô] shimashita.
12 きんり が [じょうしょう / ていか] しました。
Kinri ga [jôshô/teika] shimashita.
13 しすう の だいぶぶん が [じょうしょう / ていか] しています。
Shisû no daibubun ga [jôshô/teika] shite imasu.
14 けいえいしゃたち は [らっかん / ひかん]し しています。
Keieishatachi wa [rakkan/hikan]shi shite imasu.
15 しょうひ が [ぞうか / げんしょう] しました。
Shôhi ga [zôka/genshô] shimashita.

16 Die [unmittelbaren/kurzfristigen/mittelfristigen] Aussichten sind [gut/düster].

17 Die [Inflation/Deflation] wurde eingedämmt.

18 Man muss den Arbeitsmarkt und den Verbrauch ankurbeln.

19 Diese zu hohe Besteuerung führt zur Kapitalflucht.

20 Sie haben sich in einem Steuerparadies niedergelassen.

21 Die Exporte haben das Vorjahresniveau überstiegen.

22 Der Preis für [Öl/Agrarprodukte/Rohstoffe] ist nochmals gestiegen.

23 Die Bank von Japan wird weiterhin den aktuellen Nullzinssatz aufrechterhalten.

24 Billige Arbeitskräfte ermöglichen niedrigere Herstellungskosten.

25 Die Geburtenrate sowie die Überalterung der japanischen Gesellschaft haben einen großen Einfluss auf das Sozialversicherungssystem und die Wirtschaft.

26 Die Verlagerung der Produktionsstätten ins Ausland hat in den letzten Jahren zugenommen.

27 Wir haben das Vertrauen der Verbraucher zurück gewonnen.

1A けいざい

16 [とうざ　の / たんきてき / ちょうきてき]　みとおし　は
[あかるい / くらい]です。
[Tôza no/tankiteki/chûkiteki] mitôshi wa [akarui/kurai] desu.

17 [インフレ / デフレ]　は　よくせいされました。
[Infure/defure] wa yokusei saremashita.

18 こよう　と　しょうひ　を　あらたに　[そくしんする / テコ　いれする]
ひつよう　が　あります。
Koyô to shôhi o arata ni [sokushin suru/teko ire suru] hitsuyô ga arimasu.

19 この　おもすぎる　ぜいせい　が　しほん　の　りゅうしゅつ　を　う
ながしています。
Kono omosugiru zeisei ga shihon no ryûshutsu o unagashite imasu.

20 かれら　は　そぜいかいひち　に　きょてん　を　かまえました。
Karera wa sozei kaihichi ni kyoten o kamaemashita.

21 ゆにゅう　が　さくねん　の　じっせき　を　うわまわりました。
Yunyû ga sakunen no jisseki o uwamawarimashita.

22 [せきゆ / のうさんぶつ / げんりょう]　の　かかく　が　さらに
じょうしょうしました。
[Sekiyu/nôsanbutsu/genryô] no kakaku ga sara ni
jôshô shimashita.

23 にちぎん　は　げんこう　の　ゼロ　きんり　を　いじする　こと　を
きめました。
Nichigin wa genkô no zero kinri o iji suru koto o kimemashita.

24 あんかな　ろうどうりょく　が　ひくい　せいぞう　コスト　を
かのうにします。
Ankana rôdôryoku ga hikui seizô kosuto o kanô ni shimasu.

25 にほんしゃかい　の　しゅっせいりつ　の　ていか　と　こうれいか　は
しゃかいほしょうせいど　と　けいざい　に　えいきょう　を
あたえます。
Nihon shakai no shusseiritsu no teika to kôreika wa
shakai hoshô seido to keizai ni eikyô o ataemasu.

26 きんねん、せいさんきょてん　の　かいがいいてん　が　かそくして
います。
Kinnen, seisankyoten no kaigai iten ga kasoku shite imasu.

27 しょうひしゃ　の　しんらい　を　かいふくしました。
Shôhisha no shinrai o kaifuku shimashita.

1A WIRTSCHAFT
Anmerkungen

1 *Wirtschaftskonjunktur* けいき（景気）

2 *eine Wirtschaftskrise durchlaufen* ふきょう（不況）に みまわれる（見舞われる）

3 *Konjunkturerholung* けいきかいふく（景気回復）; *die Wirtschaftslage ist nach wie vor schlecht.* けいき は あいかわらず [おちこんでいる / ていめい（低迷）している]。おちこむ / ていめいする *sich am Boden befinden*

4 *Wirtschaftswachstum* けいざいせいちょう（経済成長）; *voranschreiten* すすむ

5 *Geschäfte* ①じぎょう（事業）、②しょうばい（商売）= *Handel* wird vor allem von Geschäftsleuten benutzt; *florieren* こうちょう（好調）である; *schlecht gehen* ていめい（低迷）する

6 *Prognosen* みとおし（見通し）、よそく（予測）

7 *Nachfrage* じゅよう（需要）↔ *Angebot* きょうきゅう（供給）; *zunehmen* ぞうか（増加）する、ふえる（増える）; *sich verringern* げんしょう（減少）する、へる（減る）

8 *Kaufkraft* こうばいりょく（購買力）

9 *Arbeitslosenquote* しつぎょうりつ（失業率）

11 *Bruttosozialprodukt* こくみんそうせいさん（国民総生産）

12 *Zinsen* きんり（金利）

13 *Index, Indizes* しすう（指数）

8, 9, 12 & 13 Für Subjekte wie *Kaufkraft* こうばいりょく, *Arbeitslosenquote* しつぎょうりつ, *Zinsen* きんり, *Indizes* しすう oder *Preise* かかく verwendet man eher die Verben ていか（低下）する *zurückgehen, fallen* bzw. じょうしょう（上昇）する *steigen, zunehmen.*

7, 10, 11 & 15 Für Subjekte wie *Nachfrage* じゅよう, *Angebot* きょうきゅう, *Produktion* せいさん, *BSP* こくみんそうせいさん, *Verbrauch* しょうひ werden die folgenden Verben benutzt: ぞうか（増加）する *steigen, zunehmen* oder げんしょう（減少）する *sinken, abnehmen.*

14 *Unternehmer* けいえいしゃ（経営者）; *etwas optimistisch/pessimistisch betrachten* [らっかんし（楽観視）/ひかんし（悲観視）]する

15 *Verbrauch* しょうひ（消費）→ *Verbraucher* しょうひしゃ（消費者）

16 *Aussichten* みとおし（見通し）

18 *Anstellung* こよう（雇用）

19 *Steuersystem* ぜいせい（税制）, *Kapital* しほん（資本）

20 *sich niederlassen* きょてん（拠点）を かまえる、かいぎょう（開業）する; *Steuerparadies* そぜいかいひち（租税回避地）、タックスヘイヴン

21 *Export* ゆしゅつ（輸出）↔ *Import* ゆにゅう（輸入）

22 *Rohstoffe* げんりょう（原料）; *Preis* かかく（価格）

23 *Bank von Japan* にちぎん（日銀）＝にほんぎんこう（日本銀行）; *aufrechterhalten* いじ（維持）する; *aktuell* げんこう（現行）の、げんざい（現在）の

24 *Arbeitskraft* ろうどうりょく（労働力）; *billig* あんか（安価）な、やすい（安(やす)い）; *Produktionskosten* せいぞう（製造）コスト

25 *Geburtenrate* しゅっせいりつ（出生率）; *Überalterung* こうれいか（高齢化）→ *Geburtenrückgang und Überalterung der Gesellschaft*: in einem Wort: しょうしこうれいか（少子高齢化）; *Gesellschaft* しゃかい（社会）; *beeinflussen* えいきょう（影響）を あたえる; *System* せいど（制度）; *Sozialversicherung* しゃかいほしょう（社会保障）; *Wirtschaft* けいざい（経済）

26 *Verlagerung* いてん（移転）; *Produktiosnstandort* せいさんきょてん（生産拠点）

Grammatik

2, 3, 4, 5, 13, 14 & 26 : die Verben enden auf ています

Diese Endung drückt den Verlauf einer Handlung aus, die jemand gerade ausführt und die sich über eine gewisse Zeitdauer erstreckt. Die Endung kann nicht nur gerade andauernde Handlungen beschreiben (gegenwärtiger Zustand), sondern auch einen anhaltenden Nachzustand.

Vokabeln

Die verschiedenen Industriezweige ぎょうしゅ（業種）

せいぞうぎょう（製造業）	herstellende Industrie
こうりぎょう（小売業）	Einzelhandel
りゅうつうぎょう（流通業）	Logistik
いんしょくぎょう（飲食業）	Gastronomie
きんゆうぎょう（金融業）	Bankgeschäft
じょうほうつうしんぎょう（情報通信業）	Kommunikation
うんゆぎょう（運輸業）	Transportunternehmen
しゅっぱんぎょう（出版業）	Verlage
こうこくぎょう（広告業）	Werbeagentur
けんせつぎょう（建設業）	Baugewerbe

Das Zeichen ぎょう（業）bedeutet *Industrie* und wird an Substantive angehängt, die eine Handlung ausdrücken. Das Wort ぎょうかい（業界）beschreibt die gesamte Branche.

1B MARKT

1 Der Markt befindet sich in vollem Wachstum.

2 Auf diesem Markt [gibt es viele Konkurrenten/ wenige Konkurrenten].

3 Unsere Firma hat ihren Marktanteil [vergrößert/verloren].

4 Lassen Sie uns diese neue Marktlücke angehen.

5 Das sind [Waren des täglichen Bedarfs/Lebensmittel].

6 Dieser Markt ist [rentabel/unrentabel].

7 Wir möchten uns auf diesem Markt etablieren.

8 Der Wettbewerb ist hart.

9 Auf dem europäischen Markt ist unsere Firma die Nummer 3.

10 Wir exportieren in die ganze Welt.

11 Wir wollen einen Marktanteil von 3% erreichen.

12 Wir haben die Kaufgewohnheiten der Hausfrauen untersucht.

13 Wir haben eine Marktstudie [in Auftrag gegeben/durchführen lassen].

14 Wir sind auf dem Inlandsmarkt führend.

15 Wir haben uns auf schlüsselfertige Systeme spezialisiert.

1B しじょう（マーケット）

1 しじょう は せいちょう の まっただなかに います。
Shijô wa seichô no mattadanaka ni imasu.

2 この しじょう には [たくさん の きょうごうきぎょう が います/きょうごうきぎょう は あまり いません]。
Kono shijô niwa [takusan no kyôgô kigyô ga imasu/kyôgô kigyô wa amari imasen].

3 わがしゃ は シェア を [かくだいしました / うしないました]。
Wagasha wa shea o [kakudai shimashita/ushinaimashita].

4 あたらしい ニッチマーケット に とりくみましょう。
Atarashii nitchimâketto ni torikumimashô.

5 これら は [にちようひん / にちようしょくひん] です。
Korera wa [nichiyôhin/nichiyô shokuhin] desu.

6 この しじょう は [さいさん が よい / さいさん が わるい] です。
Kono shijô wa [saisan ga yoi/saisan ga warui] desu.

7 わがしゃ は この マーケット に ていちゃくすること を のぞんでいます。
Wagasha wa kono mâketto ni teichaku suru koto o nozonde imasu.

8 きょうそう は はげしい です。
Kyôsô wa hageshii desu.

9 わがしゃ は ヨーロッパ しじょう で だいさんい です。
Wagasha wa yôroppa shijô de daisan`i desu.

10 わがしゃ は せかいじゅう に ゆしゅつしています。
Wagasha wa sekaijû ni yushutsu shite imasu.

11 われわれ の もくひょう は シェア の さん パーセント を かくとくする ことです。
Wareware no mokuhyô wa shea no sanpâsento o kakutoku suru koto desu.

12 われわれ は しゅふ の こうばいどうこう について ちょうさしました。
Wareware wa shufu no kôbai dôkô ni tsuite chôsa shimashita.

13 しじょうちょうさ を [いらいしました / させました]。
Shijô chôsa o [irai shimashita/sasemashita].

14 とうしゃ は こくないしじょう の リーダー です。
Tôsha wa kokunai shijô no rîdâ desu.

15 わがしゃ は ターンキーほうしき の スペシャリスト です。
Wagasha wa tânkî hôshiki no supesharisuto desu.

16 Bei diesen Luxusartikeln gibt es kaum Konkurrenz.

17 Wenn dieses Produkt Mängel hat, dann müssen wir eine Rückrufaktion in Erwägung ziehen.

18 Wir sollten uns besser an die Bestandskunden halten, anstatt unsere Zeit mit der Akquise von Neukunden zu vertun.

19 Unser Absatz ist dank einer telefonischen Werbekampagne um 6% gestiegen.

20 Diese Preisspanne entspricht dem Markenimage unserer Firma.

21 Nur die großen Firmen können sich eine Fernsehwerbung leisten, um ihre Produkte zu vermarkten.

22 Das ist ein Markt mit Zukunft.

23 Wir sagen für diesen Markt ein schnelles Wachstum voraus.

24 Die Nachfrage steigt ununterbrochen.

25 Wir verfolgen eine Politik der Expansion in ausländische Märkte.

26 Produktfälschungen und heimlicher Import nehmen zu.

27 Bei Uhren hat der Parallelimport zugenommen.

28 Unsere Zielgruppe sind 30- bis 40-jährige alleinstehende Frauen, die über eine große Kaufkraft verfügen.

1B しじょう（マーケット）

16 これら の こうきゅうひん について きょうごうきぎょう は あまりいません。
Korera no kôkyûhin ni tsuite kyôgô kigyô wa amari imasen.

17 この モデル に けっかん が あるのであれば、リコール を けんとうしなければなりません。
Kono moderu ni kekkan ga aru no de areba, rikôru o kentô shinakereba narimasen.

18 しんきこきゃく を かいたくするのに じかん を ついやすよりも、きぞんこきゃく を いじする ほうが よい です。
Shinki kokyaku o kaitaku suru noni jikan o tsuiyasu yori mo kizon kokyaku o iji suru hô ga yoi desu.

19 テレマーケティング の おかげで、わがしゃ の うりあげ は ろくパーセント ふえました。
Teremâketingu no okage de, wagasha no uriage wa rokupâsento fuemashita.

20 この かかくたい は とうしゃ の ブランド イメージ に ふさわしい です。
Kono kakakutai wa tôsha no burando imêji ni fusawashii desu.

21 だいきぎょう だけが はんばいそくしん の ために テレビこうこく を する こと が できます。
Daikigyô dake ga hanbai sokushin no tame ni terebi kôkoku o suru koto ga dekimasu.

22 これ は しょうらいせいのある しじょう です。
Kore wa shôraisei no aru shijô desu.

23 われわれ は この マーケット の きゅうせいちょう を よそくしています。
Wareware wa kono mâketto no kyûseichô o yosoku shite imasu.

24 じゅよう は たえず ぞうかしています。
Juyô wa taezu zôka shite imasu.

25 わがしゃ は かいがいしんしゅつせいさく を つづけます。
Wagasha wa kaigai shinshutsu seisaku o tsuzukemasu.

26 ぎぞうひん と みつゆにゅう は ぞうかしています。
Gizôhin to mitsu yunyû wa zôka shite imasu.

27 とけい の へいこうゆにゅう が ぞうかしています。
Tokei no heikô yunyû ga zôka shite imasu.

28 ターゲット は こうばいりょく の たいへん たかい さんよんじゅうだい の どくしんじょせい です。
Tâgetto wa kôbairyoku no taihen takai sanyonjûdai no dokushin josei desu.

1B MARKT
Anmerkungen

1 *Markt* しじょう（市場）、マーケット
2 *Konkurrent, Konkurrenz* きょうごうきぎょう（競合企業）
3 *Marktanteil* シェア、マーケットシェア、しじょうせんゆうりつ（市場占有率）
4 *Marktlücke/Nischenmarkt* ニッチマーケット、ニッチしじょう（市場）
5 *Waren des täglichen Bedarfs* ① にちようひん（日用品）oder せいかつようひん（生活用品）oder かていようひん（家庭用品）= *Haushaltswaren,* ② にちようしょくひん（日用食品）= *Lebensmittel*
8 *Wettbewerb* きょうそう（競争）
10 *exportieren* ゆしゅつ（輸出）する ↔ *importieren* ゆにゅう（輸入）する
11 *Ziel* もくひょう（目標）; *... % des Marktanteils einnehmen* シェア の … パーセント を かくとく（獲得）する
12 *Kaufgewohnheiten* こうばいどうこう（購買動向）→ *Konsumklima* しょうひどうこう（消費動向）; *Hausfrau* しゅふ（主婦）
14 *inländischer Markt* こくないしじょう（国内市場）↔ *internationaler Markt* こくさいしじょう（国際市場）
15 *schlüsselfertige Systeme* ターンキーほうしき（方式）
16 *Es gibt kaum/wenige* ...は あまり いない; *Luxusartikel* こうきゅうひん（高級品）
17 *Modell* モデル; *defekt* けっかん（欠陥）のある → *mangelhafte Produkte* けっかんひん（欠陥品）、ふりょうひん（不良品）; *überprüfen* けんとう（検討）する; *Rückruf* リコール、じしゅかいしゅう（自主回収）
18 *Bestandskunde* きぞんこきゃく（既存顧客）; *Neukunde* しんきこきゃく（新規顧客）
20 *Preisspanne* かかくたい（価格帯）; *Image einer Marke* ブランドイメージ
21 *Fernsehwerbung* テレビこうこく（広告）; *vermarkten* はんばいそくしん（販売促進）する
23 *voraussagen* よそく（予測）する; *schnelles Wachstum* きゅうせいちょう（急成長）
25 *Politik* せいさく（政策）; *Expansion in ausländische Märkte* かいがいしんしゅつ（海外進出）
26 *Fälschung* ぎぞうひん（偽造品）、コピーひん（品）、にせもの（偽物）; *heimliche Einfuhr* みつゆにゅう（密輸入）
27 *Parallelimport* へいこうゆにゅう（並行輸入）
28 *Zielgruppe* ターゲット(target); *Alleinstehende* どくしん（独身）; *30- bis 40-Jährige* さんよんじゅうだい（三、四十代）

1B しじょう（マーケット）
Anmerkungen

Konversationsanalyse:
Wie ist der Gesprächspartner anzureden?

Auch wenn im Japanischen das Subjekt, die Personal- und Possessivpronomen oft weggelassen werden, und es generell als unhöflich gilt, sprachlich auf den Gesprächspartner zu verweisen, vor allem wenn man ihn nicht gut kennt, kann der Kontext einen Verweis nötig machen. あなた, [anata] *Sie*, drückt nicht wie im Deutschen Höflichkeit gegenüber dem Gesprächspartner aus. Um auf eine Person, den Gesprächspartner oder eine dritte Person, zu verweisen, verwendet man im Japanischen anstelle des Wortes あなた *Sie* den Namen der Person zusammen mit dem Suffix さん [san], das dem deutschen *Herr* bzw. *Frau* entspricht. Da es sich bei さん um ein Höflichkeitssuffix handelt, darf man es nie verwenden, um auf sich selbst zu verweisen. Auch wenn man gegenüber Fremden über Angehörige des eigenen Unternehmens oder der eigenen Familie spricht, sollte man das Suffix さん sowie Titel besser weglassen. Durch die Weglassung drücken Japaner ihren Respekt gegenüber den externen Geschäftspartnern aus.

In einer japanischen Firma verwendet man oft den Nachnamen zusammen mit dem Titel. Wenn man jemanden mit dem Titel anspricht, lässt man das Suffix さん weg. Beispiel: *Präsident Suzuki* すずきしゃちょう（鈴木社長）, *Hauptabteilungsleiter Yamada* やまだぶちょう（山田部長）.

Wenn Japaner mit einer Kundenfirma kommunizieren, nennen sie diese おんしゃ（御社）[onsha] oder きしゃ（貴社）[kisha] was wortwörtlich *Ihre Firma* bedeutet. Wenn man das Subjekt explizit nennen möchte, wird *wir* mit わがしゃ（我社）[wagasha], とうしゃ（当社）[tôsha] oder へいしゃ（弊社）[heisha] übersetzt, was *unsere Firma* bedeutet, oder aber わたくしども [watakushi domo] die höflichere Variante von わたしたち [watashitachi] *wir*. (われわれ [wareware] *wir* ist dem firmeninternen Gebrauch vorbehalten.) In der geschriebenen Sprache sind へいしゃ und とうしゃ im Gebrauch und わがしゃ bzw. とうしゃ eher in der gesprochenen Sprache. Zwischen zwei Firmen, die in guten Beziehungen zueinander stehen, kann man auch das Suffix さん an den Firmennamen anhängen. Beispiel: キャノン（Canon）さん

Einen besonderen Kunden spricht man mit おきゃくさま（お客様）[okyakusama] an oder mit dem Familiennamen und dem höflichen Suffix さま, das größeren Respekt ausdrückt als さん.

1C MARKTFORSCHUNG, MARKTVERÄNDERUNGEN

1 Der Bericht befasst sich mit dem Kaufverhalten jüngerer Frauen.

2 Die Abbildung veranschaulicht die stufenweise Steigerung der Einnahmen.

3 Wir können die Nachfrage nicht befriedigen.

4 Die Aussichten sind bestens.

5 Das Verhalten der Verbraucher variiert je nach dem Alter.

6 Die Situation hat sich im Vergleich zu vor 6 Monaten sehr verbessert.

7 Die Vertragshändler gewähren Rabatte, um den Verkauf zu fördern.

8 Ihr Lebensstandard steigt regelmäßig.

9 Sind diese Zahlen verlässlich?

10 Es ist zwar ein eingeschränkter, aber sehr zukunftsträchtiger Nischenmarkt.

11 Dieser Markt ändert sich sehr schnell.

12 Die Technologie hat große Fortschritte gemacht.

13 Unsere Auftragsbücher sind voll.

14 Wir mussten unsere Produktpalette an diese neue Kundschaft anpassen.

15 Die Umfrageergebnisse sind gerade eingetroffen.

1C しじょうちょうさ/マーケット の すいい

1 ほうこく は わかい じょせい の こうばい どうこう について のべています。
Hôkoku wa wakai josei no kôbai dôkô ni tsuite nobete imasu.

2 この グラフ は うりあげ の だんかいてきぞうか を しめしています。
Kono gurafu wa uriage no dankaiteki zôka o shimeshite imasu.

3 わがしゃ にとって じゅよう に こたえるのは、むずかしい です。
Wagasha ni totte juyô ni kotaeru nowa, muzukashii desu.

4 みとおし は たいへん あかるい です。
Mitôshi wa taihen akarui desu.

5 ねんれいそう により、しょうひしゃどうこう は おおきく ことなります。
Nenreisô ni yori, shôhisha dôkô wa ôkiku kotonarimasu.

6 じょうきょう は ろっかげつまえ よりも はるかに よい です。
Jôkyô wa rokkagetsu mae yorimo haruka ni yoi desu.

7 とくやくてん は はんばい を そくしんする ために ねびきします。
Tokuyakuten wa hanbai o sokushin suru tame ni nebiki shimasu.

8 かれら の せいかつ すいじゅん は きそくてきに じょうしょうしています。
Karera no seikatsu suijun wa kisokuteki ni jôshô shite imasu.

9 これらの すうじ は しんらいできるものですか。
Korera no sûji wa shinrai dekiru mono desu ka.

10 げんていされている が、しょうらいせい の ある ニッチしじょう です。
Gentei sarete iru ga, shôraisei no aru nitchi shijô desu.

11 この マーケット は たいへん はやく すいいします。
Kono mâketto wa taihen hayaku suii shimasu.

12 ぎじゅつ は たいへん しんぽしました。
Gijutsu wa taihen shinpo shimashita.

13 じゅちゅうひょう は オーダー で いっぱいです。
Juchûhyô wa ôdâ de ippai desu.

14 わがしゃ では この あたらしい こきゃくそう へ しょうひんこうせい を たいおうさせなければなりませんでした。
Wagasha dewa kono atarashii kokyakusô e shôhin kôsei o taiô sasenakereba narimasen deshita.

15 [アンケート/ちょうさ] の けっか が とどいたところです。
[Ankêto/chôsa] no kekka ga todoita tokoro desu.

1C MARKTFORSCHUNG, MARKTVERÄNDERUNGEN

16 Der Großteil unserer Kunden ist markentreu.

17 Wir setzen Konsumenten-Monitoring ein.

18 Eine Marktstudie hat uns gezeigt, dass die Leute auf dieses Produkt warten.

19 Wir hören immer auf die Meinung unserer Kunden.

20 Die ersten Ergebnisse sind sehr zufriedenstellend.

21 Das ist ein sehr kleiner Markt.

22 Unsere Produktpalette ist zu klein.

23 Der Markt ist gesättigt.

24 Wir müssen uns der Veränderung des Marktes anpassen.

25 Es gibt Kunden für diese Luxusartikel.

26 Der Großteil der Befragten kannte unsere Marke.

27 Das ist ein wachsender Markt.

28 Wir haben es mit einem etablierten Konkurrenten zu tun.

29 Das ist ein sehr segmentierter Markt.

30 Die Ergebnisse dieser ersten Kampagne sind sehr vielversprechend.

1C しじょうちょうさ/マーケット の すいい

16 わがしゃ の こきゃく の だいぶぶん は ブランド に ちゅうじつ です。
Wagasha no kokyaku no daibubun wa burando ni chûjitsu desu.

17 わがしゃ は しょうひしゃモニター を つかっています。
Wagasha wa shôhisha monitâ o tsukatte imasu.

18 しじょうちょうさ は この せいひん へ きたい が よせられていること を かくしょうしています。
Shijô chôsa wa kono seihin e kitai ga
yoserarete iru koto o kakushô shite imasu.

19 とうしゃ は つねに おきゃくさま の いけん を うかがいます。
Tôsha wa tsune ni o-kyaku-sama no iken o ukagaimasu.

20 とうしょの けっか は たいへん まんぞくのゆくもの です。
Tôsho no kekka wa taihen manzoku no yuku mono desu.

21 それ は とても ちいさな マーケット です。
Sore wa totemo chîsa na mâketto desu.

22 わがしゃ の しょうひんこうせい は あまりに すくなすぎます。
Wagasha no shôhin kôsei wa amari ni sukunasugimasu.

23 マーケット は ほうわじょうたい です。
Mâketto wa hôwa jôtai desu.

24 マーケット の へんか に てきおうしなければなりません。
Mâketto no henka ni tekiô shinakereba narimasen.

25 これら こうきゅうひん の ため の こきゃくそう は そんざいします。
Korera kôkyûhin no tame no kokyakusô wa sonzai shimasu.

26 アンケートかいとうしゃ の だいぶぶん が わがしゃ の ブランド を しっています。
Ankêto kaitôsha no daibubun ga wagasha no burando o shitte imasu.

27 それ は きゅうせいちょう を とげている しじょう です。
Sore wa kyûseichô o togete iru shijô desu.

28 すでに ちい を かくりつした きょうごうきぎょう に わがしゃ は たいこうしています。
Sude ni chii o kakuritsu shita kyôgô kigyô ni wagasha wa taikô shite imasu.

29 それ は さいぶんかされた マーケット です。
Sore wa saibunka sareta mâketto desu.

30 この だいいちじ キャンペーン の けっか は たいへん さいさき の よいものです。
Kono daiichiji kyanpên no kekka wa taihen saisaki no yoi mono desu.

1C MARKTFORSCHUNG, MARKTVERÄNDERUNGEN
Anmerkungen

1 *Der Bericht behandelt* ほうこく(報告)は…について　のべている

2 *Grafik, Abbildung* グラフ、ずひょう(図表); *stufenweise Steigerung der Einnahmen* うりあげ　(売上)の　だんかいてきぞうか(段階的増加); *Verkauf* ① うりあげ　(売上)　= *Verkaufszahlen*, ② はんばい(販売)= *Verkauf (Handlung)*, ③ うれゆき(売れ行き) = *Absatz eines Produkts* → *gut verkäufliches Produkt* うれゆき　の　よい　しょうひん(商品)

5 *Verbraucherverhalten* しょうひしゃどうこう(消費者動向) → *Verhaltensstudie* どうこうちょうさ(動向調査); *Altersklasse* ねんれいそう(年齢層)

6 *Situation* じょうきょう(状況)

7 *Vertragshändler* とくやくてん(特約店)、ディーラー; *Rabatt gewähren* ねびき(値引き)する

8 *Lebensstandard* せいかつすいじゅん(生活水準); *steigen* じょうしょう(上昇)する

9 *Zahlen* すうじ(数字)、すうち(数値); *verlässlich* しんらい(信頼)できる

11 *Wandel* すいい(推移)する → *sich ändern* すいい(推移)、へんか(変化)

12 *Technologie* ぎじゅつ(技術)、テクノロジー; *Fortschritte machen* しんぽ(進歩)する

13 *Auftragsbücher* じゅちゅうひょう(受注表) → *eine Bestellung bekommen* じゅちゅう(受注)する ↔ *eine Bestellung aufgeben* はっちゅう(発注)する

14 *anpassen...* に　たいおう(対応)させる; ① *Produktpalette* im Allgemeinen: しょうひんこうせい(商品構成)、しなぞろえ(品揃え)、とりあつかいしょうひん(取扱商品)、とりあつかいひんもく(取扱品目). ② das Wort ひんもく(品目) wird für *einzelne Artikel* verwendet → *Zahlen gesondert nach Artikel* ひんもくべつ(品目別)うりあげ(売上); *Kundschaft* こきゃくそう(顧客層) → *Kunde* こきゃく(顧客)

15 *Ergebnis* けっか(結果); *Umfrage* アンケート、ちょうさ(調査)

16 *treu*...に　ちゅうじつ(忠実)な; *Marke* ブランド

17 *Verbraucherbefragung* しょうひしゃ(消費者)モニター (monitor)

19 うかがう bescheidene Form von きく(聞く) *hören*

26 *Befragte* アンケートかいとうしゃ(回答者)

28 *sich stoßen* [たいこう(対抗)/たいりつ(対立)]する

29 *segmentieren* ぶんかつ(分割)する、セグメントにわける → *segmentiert* さいぶんか(細分化)された

30 *die erste Kampagne* だいいちじ(第一次)キャンペーン; *vielversprechend* さいさきのよい(幸先の良い)

1C しじょうちょうさ/マーケット の すいい
Anmerkungen

KULTUR

けいれつ(系列)[keiretsu], ein sehr entwickeltes japanisches System, bezeichnet eine stabile Gruppierung oder einen Zusammenschluss von Unternehmen, die langfristig Geschäfte miteinander machen. Im Allgemeinen sind es die großen Unternehmen, die diese Konzerne bilden und ihre *Zulieferer* したうけ (下請け)[shita'uke] oder *klein- und mittelständische Betriebe* ちゅうしょうきぎょう(中小企業)[chûshô kigyô] darin integrieren. Die Unternehmen innerhalb eines solchen Konzerns sind voneinander abhängig und weisen eine pyramidenähnliche Organisationsstruktur mit mehreren Stufen von Zulieferunternehmen auf. Die typischen Konzerne finden sich in den folgenden Branchen: *Finanzen* きんゆうけいれつ(金融系列), in der *Produktion* せいさんけいれつ(生産系列), im *Transportwesen* りゅうつうけいれつ(流通系列), im *Investment* しほんけいれつ(資本系列). Bei Transaktionen innerhalb der Gruppe genießen *Unternehmen eines Konzerns* けいれつがいしゃ(系列会社)[keiretsu-kaisha] gewisse Vorzüge. Da das System sehr verschlossen und rigide war, wurde es häufig kritisiert, aber heutzutage beschränken die けいれつ ihre Aktivitäten nicht mehr ausschließlich auf Mitglieder der eigenen Gruppe.

Die けいれつ verlieren ihre Macht, wenn sie sich nicht auf ihr Kerngeschäft konzentrieren. Das war auch bei den ざいばつ(財閥)[zaibatsu] *Finanzkonzernen* der Fall, ein horizontaler Zusammenschluss von Unternehmen unterschiedlicher Geschäftsfelder. Aber wenn sie sich wie Toyota im Automobilbereich auf ihr Kerngeschäft konzentrieren, ermöglicht die Arbeit mit Partner-Zulieferern eine langfristigere Planung und schafft Wettbewerbsvorteile in den Bereichen der Forschung und Entwicklung sowie der Technologie.

2 VERTRIEB

1 Der Ladenpreis hat sich in den letzten Jahren nicht verändert.

2 Diese Artikel werden in Supermärkten verkauft.

3 Wir sind nicht im Einzelhandel tätig.

4 Wir sind nur im Versandhandel tätig.

5 Bitte, probieren Sie das Produkt doch aus.

6 Wir sind leider ausverkauft.

7 [In ein paar Tagen/Nächste Woche] erwarten wir eine Lieferung.

8 Dieses Modell wird derzeit nicht mehr hergestellt.

9 Wir haben in den meisten größeren Städten Vertragshändler.

10 Wir unterhalten eine Kette von Selbstbedienungsläden.

11 Unser Produkt ist ein Franchiseprodukt.

12 Wir verkaufen direkt an den Endverbraucher.

13 Unsere Verkäufer besuchen Sie auch zu Hause.

14 Wir verfügen über ein Verkaufsnetz von 60 Verkaufsstellen.

15 Unsere Verkaufsmitarbeiter besuchen regelmäßig die Verkaufsstellen.

2 りゅうつう

1 こうりかかく は ここすうねん かわっていません。
Ko´uri kakaku wa koko sûnen kawatte imasen.

2 これらの しょうひん は スーパー で はんばいされています。
Korera no shôhin wa sûpâ de hanbai sarete imasu.

3 わがしゃ は こうり を していません。
Wagasha wa ko´uri o shite imasen.

4 わがしゃ では つうしんはんばい だけ を しています。
Wagasha dewa tsûshin hanbai dake o shite imasu.

5 よろしければ、おためしください。
Yoroshikereba, o-tameshi kudasai.

6 あいにく、しなぎれ です。
Ainiku, shinagire desu.

7 [すうじつない に/らいしゅう] にゅうか の よていです。
[Sûjitsunai ni/raishû] nyûka no yotei desu.

8 この モデル は げんざい せいぞうされていません。
Kono moderu wa genzai seizô sarete imasen.

9 わがしゃ では せんぞくだいりてん が ほとんど の しゅようとし に あります。
Wagasha dewa senzoku dairiten ga hotondo no shuyôtoshi ni arimasu.

10 わがしゃ は セルフサービス の チェーンストア を けいえいしています。
Wagasha wa serufu sâbisu no chênsutoa o keiei shite imasu.

11 わがしゃ は フランチャイズ の ブランド です。
Wagasha wa furanchaizu no burando desu.

12 わがしゃ は しょうひしゃ へ ちょくせつ はんばいしています。
Wagasha wa shôhisha e chokusetsu hanbai shite imasu.

13 わがしゃ は ほうもんはんばい を しています。
Wagasha wa hômon hanbai o shite imasu.

14 わがしゃ には ろくじゅう の はんばいてんもう が あります。
Wagasha niwa rokujû no hanbaitenmô ga arimasu.

15 わがしゃ の えいぎょう チーム は ていきてきに はんばいてん に うかがっています。
Wagasha no eigyô chîmu wa teikiteki ni
hanbaiten ni ukagatte imasu.

2 VERTRIEB

16 Unsere Produkte werden in den meisten Supermärkten geführt.

17 Unsere elektronischen Geräte gibt es in allen Hypermärkten.

18 Diesen Artikel finden Sie in der Werkzeugabteilung.

19 Sie können das auf unserer sicheren Homepage bestellen.

20 Wir machen auch Telefonverkauf.

21 Der Versandhandel nimmt einen großen Anteil bei unseren Einnahmen ein.

22 Unsere Produkte sind im Einzelhandel sehr gut etabliert.

23 Unser Netzwerk deckt das ganze Land ab.

24 Dieses Produkt verkauft sich ebenso in Einkaufszentren wie in den regionalen kleineren Geschäften.

25 Wir haben 200 Mitarbeiter im Verkauf.

26 Findet man Ihre Produkte auch in Kaufhäusern?

27 Unsere Produkte nehmen 7% der Ausstellungsfläche ein.

28 Wir verkaufen vor allem an Großhändler.

29 Unser Distributionsnetz wurde umstrukturiert.

2 りゅうつう

16 とうしゃ　の　せいひん　は　ほとんどの　スーパー　で　とりあつかわれています。
Tôsha no seihin wa hotondo no sûpâ de toriatsukawarete imasu.

17 とうしゃ　の　でんかせいひん　は　すべて　の　ハイパーマーケット　で　とりあつかわれています。
Tôsha no denka seihin wa subete no haipâmâketto de toriatsukawarete imasu.

18 この　しょうひん　は　こうぐ　うりば　に　あります。
Kono shôhin wa kôgu uriba ni arimasu.

19 セキュリティかんりされている　わがしゃ　の　ホームページ　で　ちゅうもんできます。
Sekyuriti kanri sarete iru wagasha no hômupêji de chûmon dekimasu.

20 とうしゃ　では　テレフォンショッピング　を　しています。
Tôsha dewa terefon shoppingu o shite imasu.

21 つうしんはんばい　は　とうしゃ　の　うりあげ　のなかで　おおきな　わりあい　を　しめています。
Tsûshin hanbai wa tôsha no uriage no naka de ôkina wariai o shimete imasu.

22 とうしゃ　の　せいひん　は　こうりてん　において　ひじょうによく　ていちゃくしています。
Tôsha no seihin wa ko´uriten ni oite hijô ni yoku teichaku shite imasu.

23 とうしゃ　の　ネットワーク　は　ぜんこく　を　カバーしています。
Tôsha no nettwâku wa zenkoku o kabâ shite imasu.

24 これ　は　ショッピングセンター　と　どうように、ちいき　の　しょうてん　でも　はんばいされています。
Kore wa shoppingu sentâ to dôyô ni chiiki no
shôten demo hanbai sarete imasu.

25 とうしゃ　には　にひゃくめい　の　えいぎょうスタッフ　が　います。
Tôsha niwa nihyaku-mei no eigyô sutaffu ga imasu.

26 おんしゃ　の　しょうひん　は　ひゃっかてん　に　ありますか。
Onsha no shôhin wa hyakkaten ni arimasu ka.

27 とうしゃ　の　せいひん　は　ちんれつめんせき　の　なな　パーセント　を　しめています。
Tôsha no seihin wa chinretsu menseki no nana-pâsento o shimete imasu.

28 とうしゃ　では　おもに　おろしうりぎょうしゃ　へ　はんばいしています。
Tôsha dewa omo ni oroshi´uri gyôsha e hanbai shite imasu.

29 とうしゃ　の　りゅうつうもう　は　さいへんされました。
Tôsha no ryûtsûmô wa saihen saremashita.

2 VERTRIEB
Anmerkungen

1 *Ladenpreis* こうりかかく（小売価格）、てんとうかかく（店頭価格）

2 *Artikel* しょうひん（商品）

3 *Einzelhandel betreiben* こうり（小売り）する ↔ *Großhandel betreiben* おろしうり（卸売り）する

4 *Versand* つうしんはんばい（通信販売）

5 *versuchen* ためす → おためしください Siehe S. 57.

6 *ausverkauft* しなぎれ（品切れ）、ざいこぎれ（在庫切れ）

7 *wir erwarten eine Lieferung* にゅうか（入荷）の　よてい（予定）がある

9 *Vertragshändler* せんぞくだいりてん（専属代理店）、とくやくてん（特約店）; *größere Städte* しゅようとし（主要都市）

10 *eine Kette von…*の　チェーンストア; *Selbstbedienung* セルフサービス

11 *Marke* ブランド; *Franchise-* フランチャイズの

13 *Kundenbesuche* ほうもんはんばい（訪問販売）

14 *Verkaufsnetz* はんばいてんもう（販売店網）; *Verkaufsstelle* はんばいてん（販売店）、はんばいきょてん（販売拠点）

15 *Verkauf* えいぎょう（営業）、セールスマン; *besuchen* うかがいます: Verb der Bescheidenheit

16 *führen*…で　とりあつかわれている

17 *elektrische Produkte* でんかせいひん（電化製品）

18 *Verkaufsabteilung* うりば（売り場）

20 *Telefonverkauf* テレフォンショッピング

21 *Anteil* わりあい（割合）; *Einnahme* うりあげ（売上）

22 *Einzelhändler* ① こうりぎょうしゃ（小売業者）、② こうりてん（小売店） = *Geschäft, Boutique*

23 *Netzwerk* ネットワーク; *das ganze Land* ぜんこく（全国）

24 *Geschäft* しょうてん（商店）; *in der Region* ちいき（地域）の、きんじょ（近所）の

25 *Vertrieb* えいぎょう（営業）; めい（名）Zähleinheitswort für Personen

26 *Kaufhaus* ひゃっかてん（百貨店）、デパート; Die Fragepartikel か [ka] steht immer am Satzende, ohne dass sich die Reihenfolge der Satzglieder ändert.

27 *… % der Ausstellungsfläche einnehmen* ちんれつめんせき（陳列面積）の…パーセント　を　しめる（占める）; *Ausstellungsfläche* ちんれつめんせき（陳列面積）

28 *Großhändler* おろしうりぎょうしゃ（卸売業者）、とんや（問屋）

29 *Vertriebsnetz* りゅうつうもう（流通網）; *umstrukturieren* さいへん（再編）する、さいへんせい（再編成）する

Kultur

Japan ist ein Land des Konsums und vielen Japanern bereitet er großes Vergnügen. Der Verkauf ist gut segmentiert und jedes Segment funktioniert und reagiert auf die kleinsten Details oder Wünsche der japanischen Konsumenten.
Die Kaufhäuser nehmen die Spitzenposition ein und führen vor allem Luxusartikel, die dem Konsumenten gefallen oder als Geschenke dienen sollen, denn das Schenken ist eine noch heute sehr gepflegte Tradition. Die Kaufhäuser befinden sich in den Zentren der Großstädte; sie sind oft mit großen Bahnhöfen oder Haltestellen, manchmal mit direktem Zugang, verbunden, was ihnen hilft, die Laufkundschaft zu erhöhen.
Für Waren des alltäglichen Gebrauchs gehen Japaner in das Geschäft um die Ecke, sei es in den Supermarkt, zum Einzelhändler, oder in einen *„24-Stunden-Laden“* (コンビニ), der 24 Stunden am Tag und 7 Tage die Woche geöffnet hat. Discounter (ディスカウントショップ) und Drogeriemärkte (ドラッグストア) ziehen mit ihren Tiefpreisen japanische Konsumenten ebenfalls an.

Die コンビニ, die vor allem bei den jungen Leuten und Singles beliebt sind, zeigen uns die Spitzfindigkeit im Servicebereich in Japan. Es handelt sich normalerweise um Franchise-Geschäfte mit deutlichen Anweisungen von dem Mutterhaus: Aber ihre Rolle reduziert sich nicht auf nächtliche Notfälle oder die frühen Morgenstunden. Denn der Service beschränkt sich nicht nur auf den Verkauf verschiedenster Artikel des alltäglichen Bedarfs, sondern umfasst auch den Kartenverkauf für Veranstaltungen, die Paketdienstannahme, oder das Bezahlen der Telefon- oder Gasrechnung. Durch ihre Partnerschaft mit Banken und Kopiergeräteausstattern sind sie auch mit Automaten ausgestattet.
Wenn man von der Qualität und der Auswahl an Waren absieht, ist allen Akteuren im japanischen Handel gemein, dass sie jederzeit für ihre Kunden da sind. So sind die Geschäfte an Sonn- und Feiertagen geöffnet, ebenso an Silvester und an Neujahr. Einige Geschäfte schließen später, um 21 Uhr, oder sogar erst um Mitternacht. Um für den anspruchsvollen und launischen Konsumenten immer erreichbar zu sein, versuchen die Händler einen Service zu entwickeln, der einen besonderen Mehrwert erzielt.

3 VORSTELLUNG DES UNTERNEHMENS

1 Wir haben 60 Angestellte.

2 Wir exportieren in 32 Länder.

3 Unser Jahresumsatz beträgt ... .

4 Unsere Firma wurde 1900 gegründet.

5 Unsere Firma ist in 14 Ländern vertreten.

6 Wir haben ein äußerst tüchtiges Forschungsteam.

7 Wir sind sehr auf unser Image bedacht.

8 Wir sind Spezialisten für ... .

9 Wir sind sehr wettbewerbsfähig.

10 Wir weiten unsere Marktanteile ständig aus.

11 Wir sind in Frankreich die Nummer 1 in dieser Branche.

12 Ich arbeite seit 6 Jahren in der Firma.

13 Wir haben im August Betriebsferien.

14 Wir haben sehr viele Erfahrungen im Bereich von ... gesammelt.

15 Die Zentrale ist in ... .

3 きぎょうしょうかい

1 わがしゃ には ろくじゅうめい しゃいん が います。
Wagasha niwa rokujûmei sha`in ga imasu.

2 わがしゃ は さんじゅうにかこく へ ゆしゅつしています。
Wagasha wa sanjûnikakoku e yushutsu shite imasu.

3 わがしゃ の ねんしょう は、…です。
Wagasha no nenshô wa, ... desu.

4 かいしゃ は せんきゅうひゃくねん に せつりつされました。
Kaisha wa senkyûhyakunen ni setsuritsu saremashita.

5 わがしゃ は じゅうよんかこく で じぎょうてんかいしています。
Wagasha wa jûyon kakoku de jigyô tenkai shite imasu.

6 わがしゃ には たいへん ゆうのうな けんきゅう チーム が います。
Wagasha niwa taihen yûnô na kenkyû chîmu ga imasu.

7 わがしゃ は きぎょうイメージ に さいしんの ちゅうい を はらっています。
Wagasha wa kigyô imêji ni saishin no chûi o haratte imasu.

8 わがしゃ は …の スペシャリスト です。
Wagasha wa ... no supesharisuto desu.

9 わがしゃ は きょうそうりょく の ひじょうに たかい かいしゃ です。
Wagasha wa kyôsôryoku no hijô ni takai kaisha desu.

10 わがしゃ は たえず シェア を のばしています。
Wagasha wa taezu shea o nobashite imasu.

11 わがしゃ は フランス で ぎょうかい だいいちい です。
Wagaha wa furansu de gyôkai dai´ichi´i desu.

12 わたくし は ろくねんらい この かいしゃ に つとめています。
Watakushi wa rokunenrai kono kaisha ni tsutomete imasu.

13 わがしゃ は はちがつ は きゅうぎょうします。
Wagasha wa hachigatsu wa kyûgyô shimasu.

14 わがしゃ は …において、けいけんほうふ です。
Wagasha wa ... ni oite, keiken hôfu desu.

15 ほんしゃ は …に あります。
Honsha wa ... ni arimasu.

3 VORSTELLUNG DES UNTERNEHMENS

16 Wir stellen ... her.

17 Es ist ein Familienunternehmen.

18 Es ist eine Aktiengesellschaft.

19 Wir haben mehrere [Zweigstellen/Tochterfirmen].

20 Wir sind an der Börse notiert.

21 Wir machen einen sagenhaften Umsatz mit ... .

22 Wir verkaufen hauptsächlich an Unternehmen.

23 Unser Umsatz steigt eindeutig.

24 Wir haben vor kurzem die Bezugsquelle gewechselt.

25 Wir haben gerade in ... eine neue Fabrik fertig gebaut.

26 Wir nehmen die Umweltprobleme sehr ernst.

27 Wir gehen die Umweltprobleme an.

28 Wir verwenden nur wiederverwertbare Materialien.

29 Das ist ein Vorteil gegenüber der Konkurrenz.

30 Wir haben uns auf Luxusartikel spezialisiert.

16 とうしゃ は … を せいぞうしています。
Tôsha wa ... o seizô shite imasu.
17 かぞくけいえい の かいしゃ です。
Kazoku keiei no kaisha desu.
18 かぶしきがいしゃ です。
Kabushiki gaisha desu.
19 とうしゃ には [してん/こがいしゃ] が いくつか あります。
Tôsha niwa [shiten/kogaisha] ga ikutsu ka arimasu.
20 とうしゃ は かぶしきしじょう に じょうじょうしています。
Tôsha wa kabushiki shijô ni jôjô shite imasu.
21 とうしゃ は … で すばらしい うりあげ を じつげんしています。
Tôsha wa ... de subarashii uriage o jitsugen shite imasu.
22 とうしゃ は おもに きぎょう に はんばいしています。
Tôsha wa omo ni kigyô ni hanbai shite imasu.
23 うりあげ は あきらかに じょうしょうしています。
Uriage wa akiraka ni jôshô shite imasu.
24 とうしゃ では さいきん しいれさき を かえました。
Tôsha dewa saikin shi´iresaki o kaemashita.
25 とうしゃ では … に あたらしい こうじょう を けんせつしたところです。
Tôsha dewa ... ni atarashii kôjô o kensetsu shita tokoro desu.
26 わたくしども は かんきょう もんだい に はいりょしています。
Watakushi domo wa kankyô mondai ni hairyo shite imasu.
27 とうしゃ は かんきょう もんだい に とりくんでいます。
Tôsha wa kankyô mondai ni torikunde imasu.
28 とうしゃ では リサイクル かのうな [しざい/ざいりょう] だけ を しようしています。
Tôsha dewa risaikuru kanô na [shizai/zairyô] dake o shiyô shite imasu.
29 これ は きょうごうきぎょう に くらべ ゆうりな てん です。
Kore wa kyôgô kigyô ni kurabe yûri na ten desu.
30 とうしゃ は こうきゅうひん を せんもん と しています。
Tôsha wa kôkyûhin o senmon to shite imasu.

3 VORSTELLUNG DES UNTERNEHMENS
Anmerkungen

1 *Angestellter* しゃいん(社員)、じゅうぎょういん(従業員)

3 *Jahresumsatz* ねんしょう(年商)、うりあげだか(売上高)

4 *Firma* かいしゃ(会社)、きぎょう(企業); *im Jahr ... gegründet worden sein...* ねん(年)に　せつりつ(設立)された

5 *in [... Ländern/*Ländername*] vertreten sein* […かこく(ヶ国)で/…で] じぎょうてんかい(事業展開)する

6 *tüchtig, leistungsfähig* ① ゆうのう(有能)な für Menschen, ② こうせいのう(高性能)な、ハイパフォーマンス(high performance)な für Maschinen.

7 *aufpassen, bedacht sein auf* に　[さいしん(細心)の　ちゅうい(注意)をはらう/びんかん(敏感)だ]; *Firmenimage* きぎょう(企業)イメージ

9 *wettbewerbsfähig*　きょうそうりょく(競争力)の　[ある/たかい(高い)] → *Wettbewerbsmarkt* きょうそうしじょう(競争市場) → *wettbewerbsfähiger Preis* きょうそうりょく(競争力)の たかい　かかく(価格)

10 *Marktanteile gewinnen* シェア　を　[のばす/かくとく(獲得)する]

11 *die Nummer 1 in der Branche* ぎょうかい(業界)[だいいちい(第一位)/ナンバーワン(No.1)]

12 *ich* わたくし(私) höflicher als わたし

14 *viel Erfahrung in ... haben* ...において　けいけん(経験)ほうふ(豊富)だ

15 *Firmenzentrale* ほんしゃ(本社)

18 *Aktiengesellschaft* かぶしきがいしゃ(株式会社)

19 *Zweigstelle* してん(支店); *Tochtergesellschaft* こがいしゃ(子会社) ↔ *Mutterhaus* おやがいしゃ(親会社)

20 *an der Börse notiert sein* じょうじょう(上場)する → *börsennotiertes Unternehmen* じょうじょうきぎょう(上場企業); *Börse* かぶしきしじょう(株式市場)

23 *am Zunehmen sein* じょうしょう(上昇)する、ぞうか(増加)する

24 *Bezugsquelle, Zulieferer* しいれさき(仕入先)、のうにゅうぎょうしゃ(納入業者)、サプライヤー(supplier)

25 *bauen* けんせつ(建設)する; *Fabrik* こうじょう(工場)

26 *sich der Probleme ... bewusst sein*　...の　もんだい(問題)に [はいりょ(配慮)する/たかい　かんしん(関心)を　もつ]; *Umwelt* かんきょう(環境)

28 *Materialien* ① ざいりょう(材料) im Allgemeinen, ② しざい(資材) = *Materialien* im Bauwesen, ③ げんりょう(原料) = *Rohstoffe*; *wiederverwertbar* リサイクルかのうな

30 *spezialisiert sein auf* ...を　せんもん(専門)と　する/...の　スペシャリスト　だ

3 きぎょうしょうかい
Anmerkungen

KULTUR
Glückwunschkarten und Geschenke

In der japanischen Gesellschaft ist es sehr wichtig, Glückwunschkarten zu verschicken, und das nicht nur an einzelne Personen, sondern auch an Firmen.
Normalerweise verschickt man zwei Mal im Jahr Glückwunschkarten: zu Neujahr und im Hochsommer. Japanische Neujahrskarten ねんがじょう(年賀状) [nengajô] müssen zwischen dem 1. und 3. Januar ankommen, spätestens jedoch am 15., denn Neujahr ist das wichtigste unter den traditionellen japanischen Festen und wird während der ersten drei Tage im Januar gefeiert. Aber machen Sie sich keine großen Sorgen wegen der rechtzeitigen Zustellung. Die japanische Post hält die Glückwunschkarten, die im Dezember aufgegeben wurden, zurück und verteilt sie am Morgen des 1. Januars mit Hilfe von Aushilfskräften.
Für die Sommerglückwünsche gibt es zwei Zeiträume: entweder ab Mitte Juli bis zum 8. oder 9. August, oder ab dem 10. bis Ende August. Der erste Zeitraum ist der für Hochsommer-Glückwünsche: しょちゅうみまい (暑中見舞い) [shochû mimai], der zweite zum Ende der Sommerzeit: ざんしょみまい(残暑見舞い) [zansho mimai]. Es empfiehlt sich, die Karten in der ersten Periode zu versenden. Wenn man diese verpasst hat, kann man das in der zweiten noch nachholen.
Neben den Glückwunschkarten gibt es noch den Brauch, Personen, zu denen man eine wichtige Beziehung unterhält, Geschenke zu offerieren. Dies ist eine traditionelle Art und Weise, seinen Dank und seine Dankbarkeit auszudrücken. Diese Person kann beispielsweise ein Privatlehrer (Musik, Kunst,...) sein oder aber Personen, die einem einen großen Dienst erwiesen haben, sei es im Privat- oder im Berufsleben, also auch Geschäftskunden oder der Vorgesetzte im Büro. Letzteren werden heutzutage immer weniger Geschenke gemacht. Es gibt sogar Unternehmen, deren Angestellte sich darauf einigten, keine Glückwunschkarten und Geschenke mehr auszutauschen, um sich das Leben zu vereinfachen.
Wie schon für die Glückwunschkarten gibt es auch für die Geschenke zwei Zeiten im Jahr: von Ende Juni bis Mitte Juli für die Sommergeschenke: おちゅうげん (お中元) [o-chûgen], und von Ende November bis Mitte Dezember für die Wintergeschenke: おせいぼ(お歳暮) [o-seibo]. Es braucht hier nicht erwähnt zu werden, dass diese Zeiten für japanische Geschäftsleute und Kaufhäuser sehr wichtig sind.

4 VORSTELLUNG DES PRODUKTS/ DER DIENSTLEISTUNG

1 Wir verkaufen nur qualitativ hochwertige Waren.

2 Das ist ein Luxusartikel.

3 Diese Maschine ist sehr robust.

4 Wir haben dieses neue Produkt gerade auf den Markt gebracht.

5 Die Reaktion der Verbraucher war sehr gut.

6 Technologisch sind wir die Vorreiter.

7 Wir achten sehr auf die Verpackung.

8 Die Lebensdauer dieses Produkts beträgt mindestens 10 Jahre.

9 Diese Maschine hat 2 Jahre Garantie.

10 Der Vertrag läuft ein Jahr und ist erneuerbar.

11 Wir haben es erst auf den Markt gebracht, aber die ersten Reaktionen sind sehr gut.

12 Das Haltbarkeitsdatum steht auf dem Becher.

13 Die Verpackung hat sich geändert, aber das Produkt ist nach wie vor verlässlich.

14 Von diesem Modell gibt es 3 Varianten.

15 Wir produzieren diesen Artikel nicht mehr, aber das Modell B6 ähnelt jenem sehr.

4 [せいひん/サービス]　しょうかい

1 わがしゃ は こうひんしつの せいひん だけ を はんばいして います。
Wagasha wa kôhinshitsu no seihin dake o hanbai shite imasu.

2 これ は こうきゅうひん です。
Kore wa kôkyûhin desu.

3 この きかい は ひじょうに がんじょう です。
Kono kikai wa hijô ni ganjô desu.

4 わがしゃ では この しんせいひん を はつばいしたところです。
Wagasha dewa kono shinseihin o hatsubai shita tokoro desu.

5 しょうひしゃ の [かいとう/はんのう] は とても よかった です。
Shôhisha no [kaitô/hannô] wa totemo yokatta desu.

6 わがしゃ は テクノロジー の さいせんたん に います。
Wagasha wa tekunorojî no saisentan ni imasu.

7 わがしゃ は パッケージ に さいしん の ちゅうい を はらっています。
Wagasha wa pakkêji ni saishin no chûi o haratte imasu.

8 この せいひん の じゅみょう は さいてい じゅうねん です。
Kono seihin no jûmyô wa saitei jûnen desu.

9 この きかい の ほしょう は にねん です。
Kono kikai no hoshô wa ninen desu.

10 けいやくきかん は いちねん で、こうしん かのう です。
Keiyaku kikan wa ichinen de, kôshin kanô desu.

11 はつばいした ばかりですが、とうしょの はんのう は たいへん いいです。
Hatsubai shita bakari desu ga, tôsho no hannô wa taihen ii desu.

12 しょうみきげん は キャップ に ひょうじされています。
Shômi kigen wa kyappu ni hyôji sarete imasu.

13 パッケージ は かわりましたが、しょうひん は あいかわらず しんらいど の たかいもの です。
Pakkêji wa kawarimashita ga, shôhin wa aikawarazu shinraido no takai mono desu.

14 この モデル には [みっつ バージョン が/さん タイプ] あります。
Kono moderu niwa [mittsu bâjon ga/san taipu] arimasu.

15 わがしゃ では もう この しょうひん を せいぞうしていませんが、ビーろくモデル は それに かなり ちかい とくせい を もっています。
Wagasha dewa mô kono shôhin o seizô shite imasen ga, bî roku moderu wa sore ni kanari chikai tokusei o motte imasu.

4 VORSTELLUNG DES PRODUKTS/ DER DIENSTLEISTUNG

16 In der Betriebsanleitung sind die Vorzüge des Artikels erklärt.

17 Das ist eine Chance, die man sich nicht entgehen lassen darf.

18 Das neue Modell wird im Juni rauskommen.

19 Die Leistung übersteigt die [des bisherigen Produkts/ der bestehenden Produkte].

20 Das steht in unserem Katalog auf Seite 6.

21 Dieses Modell [ist weniger sperrig/ist sehr kompakt].

22 Das ist äußerst wirtschaftlich.

23 Dieses Gerät verbraucht nur wenig Energie.

24 Das ist eine Energiesparvariante.

25 [Die Handhabung/Der Betrieb] ist sehr einfach, und im Hinblick auf die Sicherheit sehr verlässlich.

26 Dieses Modell ist sehr einfach, aber sehr [effizient/ benutzerfreundlich].

27 Je nach Markt werden unsere Produkte umverpackt.

28 Die Handhabung ist sehr einfach.

29 Das ist unser Verkaufsschlager.

30 [Dieser Stil/Dieses Design] ist zeitlos.

4 [せいひん/サービス] しょうかい

16 この せつめいしょ に せいひん の りてん が せつめいされています。
Kono setsumeisho ni seihin no riten ga setsumei sarete imasu.

17 とりにがしてはならない チャンス です。
Torinigashite wa naranai chansu desu.

18 あたらしい モデル は ろくがつ に でる よてい です。
Atarashii moderu wa rokugatsu ni deru yotei desu.

19 その せいのう は [いぜん の せいひん / きぞん の せいひん] を うわまわります。
Sono seinô wa [izen no seihin/kizon no seihin] o uwamawarimasu.

20 とうしゃ の カタログ の ろく ページめに あります。
Tôsha no katarogu no roku pêjime ni arimasu.

21 この モデル は [あまり かさばりません / たいへん コンパクト です]。
Kono moderu wa [amari kasabarimasen/taihen konpakuto desu].

22 これ は はるかに けいざいてき です。
Kore wa haruka ni keizaiteki desu.

23 この きかい は ごく しょうりょう の でんりょく しか しょうひしません。
Kono kikai wa goku shôryô no denryoku shika shôhi shimasen.

24 これ は しょうエネ タイプ です。
Kore wa shôene taipu desu.

25 [とりあつかい / そうさ] は とても かんたん で、あんぜんせい において かくじつ です。
[Toriatsukai/Sôsa] wa totemo kantan de, anzensei ni oite kakujitsu desu.

26 この モデル は たいへん たんじゅん ですが、[こうせいのう / ユーザーフレンドリー] です。
Kono moderu wa taihen tanjun desu ga, [kôseinô/yûzâ furendorî] desu.

27 マーケット によっては、とうしゃ の せいひん は さいほうそうされています。
Mâketto ni yotte wa, tôsha no seihin wa saihôsô sarete imasu.

28 しようほう は たいへん めいかい です。
Shiyôhô wa taihen meikai desu.

29 これ は とうしゃ の [しゅりょくしょうひん / うれすじ] です。
Kore wa tôsha no [shuryoku shôhin/uresuji] desu.

30 この [スタイル / デザイン] は りゅうこう に さゆうされません。
Kono [sutairu/dezain] wa ryûkô ni sayû saremasen.

4 VORSTELLUNG DES PRODUKTS/DER DIENSTLEISTUNG
Anmerkungen

1 *hochwertig* こうひんしつ(高品質)の、りょうしつ(良質)の
2 *Ware* しょうひん(商品); *Luxus* こうきゅう(高級)な → *Luxusartikel* こうきゅうひん(高級品)
3 *Maschine, Gerät* きかい(器械); *robust* がんじょう(頑丈)な
4 *ein neues Produkt auf den Markt bringen* [しんしょうひん(新商品)/しんせいひん(新製品)]を　はつばい(発売)する
5 *Antwort* かいとう(回答); *Reaktion* はんのう(反応); *Verbraucher* しょうひしゃ(消費者)
6 *Vorreiter sein im Bereich …* の　さいせんたん(最先端)にいる; *Technologie* テクノロジー → *technische Neuerungen* ぎじゅつかくしん(技術革新)
7 *achten auf …*に　ちゅうい(注意)を　はらう; *Verpackung* パッケージ(package)、ほうそう(包装) ↔ *Verpackung (zum Schutz beim Transport)* こんぽう(梱包)
8 *Lebensdauer* じゅみょう(寿命)
9 *Garantie* ほしょう(保証)
10 *Vertragsdauer* けいやくきかん(契約期間); *erneuerbar* こうしんかのう(更新可能)な
12 *Becher* キャップ、うわぶた(上蓋)
15 *herstellen* せいぞう(製造)する; *ähnliche Eigenschaften haben* ちかい　とくせい(特性)を　もつ
16 *Betriebsanleitung* せつめいしょ(説明書); *Vorteile des Produkts* せいひん(製品)の　りてん(利点). Achtung! Es gibt keine Entsprechung für das Wort *man* im Japanischen. Einen deutschen Satz mit *man* als Subjekt kann man so übersetzen, dass man das direkte Objekt des Originalsatzes als Subjekt nimmt und das Verb ins Passiv setzt.
19 *Leistung* せいのう(性能); *Produkt aus dem Bestand* きぞん(既存)の　せいひん(製品)
22 *wirtschaftlich* けいざいてき(経済的)な
23 *verbrauchen* しょうひ(消費)する; *elektrische Energie* でんりょく(電力)
24 *Energiesparmodell* しょうエネ(省エネ)タイプ
25 *Handhabung* とりあつかい(取り扱い)、そうさ(操作); *Betrieb* そうさ(操作)、うんてん(運転); *Sicherheit* あんぜんせい(安全性)
26 *benutzerfreundlich* ユーザーフレンドリー(user-friendly); *effizient* こうせいのう(高性能)な
29 *Verkaufsschlager* しゅりょくしょうひん(主力商品)、うれすじ(売れ筋)
30 *zeitlos sein* りゅうこう(流行)に　さゆう(左右)されない

4 ［せいひん/サービス］ しょうかい
Anmerkungen

BEMERKUNG

Gemäß *dem Haftungsgesetz für Produkte* せいぞうぶつせきにんほう（製造物責任法）[seizôbutsu sekininhô] ist das *Haftungsdatum* せきにんきかん（責任期間）[sekinin kikan] in Japan auf 10 Jahre festgelegt. Bevor dieses Gesetz 1995 in Kraft trat, war es für die Verbraucher äußerst schwer, einen Prozess gegen den Hersteller zu gewinnen, wenn es zu Unfällen gekommen war, denn ihr Zugang zu technischen Geschäftsinformationen war sehr beschränkt. Mit diesem Gesetz reicht es jedoch aus, eine Beziehung zwischen Ursache und Resultat nachzuweisen, also zwischen dem Mangel am Produkt und dem Schaden beim Verbraucher, damit die Verantwortung der Hersteller überprüft wird.
Was die verschiedenen Dienstleistungen wie Wartung und andere Arbeiten betrifft, so beträgt der Haftungszeitraum gemäß dem *Zivilrecht* みんぽう（民法）[minpô] 20 Jahre.

VOKABELN
Produktbeschreibungen せいひんひょうじ（製品表示）

とりあつかいせつめいしょ（取扱説明書） そうさせつめいしょ（操作説明書） マニュアル（Manual）	Betriebsanleitung	PRODUKT: Auto, Geräte, Maschinen
しようしょ（仕様書）	Gebrauchsanweisung	
しようきげん（使用期限）	Haltbarkeitsdatum	Medikament
しようほう（使用法）	Gebrauchsinformation	
とりあつかいじょう の ちゅうい（取扱上の注意） しようじょう の ちゅうい（使用上の注意）	Vorsicht bei der Einnahme	
せいぶん（成分）	Zusammensetzung	
せいぞうねんがっぴ（製造年月日）	Herstellungsdatum	Lebensmittel
しょうみきげん（賞味期限）	Haltbarkeitsdatum	
ほぞんほうほう（保存方法）	Aufbewahrung	
げんりょうめい（原料名）	Name der Rohstoffe	
せんたくひょうじ（洗濯表示）	Waschanleitung	Kleidung, Stoff
ひんしつひょうじ（品質表示）	Material	

5 KAUF UND VERKAUF

1 Wir beziehen unsere Waren von mehreren Importeuren.

2 Wir sind im [Einzelhandel/Großhandel] tätig.

3 Wir verkaufen [gegen Barzahlung/gegen Bezahlung per Scheck].

4 Wir verkaufen nicht auf Kredit.

5 Wir verkaufen direkt an den [Endverbraucher/Verbraucher].

6 Wir agieren durch unsere Vertretung.

7 Das ist unser Firmenkatalog.

8 Wir haben alle möglichen Arten von ...

9 Die Kaufbedingungen stehen auf der Rückseite.

10 [Sie können/Man kann] unsere Produkte im Internet erwerben.

11 Ich werde für Sie den Kontakt zu dem Verantwortlichen im Verkauf herstellen.

12 [Unser Repräsentant/Unser Vertriebsmitarbeiter] wird Sie nächste Woche aufsuchen.

13 Das sind unsere neuen Preise.

14 Unser Umsatz steigt.

15 Bitte kontaktieren Sie unsere Verkaufsabteilung.

5 こうにゅう と はんばい

1 わがしゃ は ふくすう の ゆにゅうぎょうしゃ から しいれています。
Wagasha wa fukusû no yunyû gyôsha kara shi´irete imasu.

2 わがしゃ は [こうり / おろしうり] を しています。
Wagasha wa [ko'uri/oroshiuri] o shite imasu.

3 わがしゃ では [そっきん で / こぎって による けっさい で] はんばいしています。
Wagasha dewa [sokkin de/kogitte ni yoru kessai de] hanbai shite imasu.

4 わがしゃ では かけうり は しません。
Wagasha dewa kake´uri wa shimasen.

5 わがしゃ は [さいしゅう ユーザー / しょうひしゃ] へ ちょくせつ はんばいしています。
Wagasha wa [saishû yûzâ/shôhisha] e chokusetsu hanbai shite imasu.

6 だいりてん を [けいゆして しょりします / つうじて たいおうします]。
Dairiten o [keiyu shite shori shimasu/tsûjite taiô shimasu].

7 これは わがしゃ の カタログ です。
Kore wa wagasha no katagoru desu.

8 わがしゃ には あらゆる しゅるい の … が あります。
Wagasha niwa arayuru shurui no … ga arimasu.

9 はんばいじょうけん は うらめん に きさいされています。
Hanbai jôken wa uramen ni kisai sarete imasu.

10 インターネットじょう で わがしゃ の しょうひん を こうにゅうできます。
Intânetto-jô de wagasha no shôhin o kônyû dekimasu.

11 おきゃくさま が はんばい せきにんしゃ と れんらく を とれるように しましょう。
O-kyaku-sama ga hanbai sekininsha to renraku o toreru yô ni shimashô.

12 わがしゃ の [だいひょう / えいぎょうたんとうしゃ] が らいしゅう おんしゃ に うかがいます。
Wagasha no [daihyô/eigyô tantôsha] ga raishû onsha ni ukagaimasu.

13 これが、わがしゃ における さいしんの かかく です。
Kore ga, wagasha ni okeru saishin no kakaku desu.

14 わがしゃ の うりあげ は のびています。
Wagasha no uriage wa nobite imasu.

15 はんばい ぶもん へ おといあわせいただけます。
Hanbai bumon e o-toiawase itadakemasu.

16 Wir haben unsere Gewinnmarge herabgesetzt.

17 Wir konnten eine Preiserhöhung vermeiden.

18 Sie können in Monatsraten bezahlen.

19 Sie können in 6 Monatsraten bezahlen.

20 Wir machen auch Leasing.

21 Die erste Zahlung ist am ... fällig.

22 Die Restsumme wird über 6 Monate hinweg abbezahlt.

23 Müssen wir eine Anzahlung machen?

24 Das ist Ihre erste Bestellung, nicht wahr?

25 Dieses Produkt können wir nicht umtauschen.

26 Wir verkaufen nicht nur Produkte, sondern bieten auch Dienstleistungen an.

27 Wir werden am 1. April die Preise für einen Teil unserer Produkte ändern.

28 Wegen des hohen Yenkurses in den vergangenen Jahren senken wir unsere Preise.

29 Wir gewähren ausnahmsweise einen Preisnachlass, weil wir unser Lager räumen.

30 Darf ich Ihnen ein Muster [zeigen/mitgeben].

5 こうにゅう と はんばい

16 とうしゃ では マージン を へらしました。
Tôsha dewa mâjin o herashimashita.

17 とうしゃ は ねあげ を かいひすること が できました。
Tôsha wa neage o kaihi suru koto ga dekimashita.

18 げっぷ で おしはらいいただけます。
Geppu de o-shiharai itadakemasu.

19 ろっかげつかん の ぶんかつばらいにすること が できます。
Rokkagetsukan no bunkatsu barai ni suru koto ga dekimasu.

20 とうしゃ では リースはんばい を しています。
Tôsha dewa rîsu hanbai o shite imasu.

21 だいいっかい の しはらい は … です。
Dai´ikkai no shiharai wa … desu.

22 ざんだか は ろっかげつ にわたり、しはらわれます。
Zandaka wa rokkagetsu ni watari, shiharawaremasu.

23 [よやくきん / うちきん] を しはらわなければなりませんか。
[Yoyakukin/Uchikin] o shiharawanakereba narimasen ka.

24 これ は [おきゃくさま / おんしゃ] の はじめて の ちゅうもん ですね。
Kore wa [o-kyaku-sama/onsha] no hajimete no chûmon desu ne.

25 この しょうひん は こうかん できません。
Kono shôhin wa kôkan dekimasen.

26 とうしゃ は せいひん だけ でなく、サービス も はんばいして います。
Tôsha wa seihin dake denaku, sâbisu mo hanbai shite imasu.

27 とうしゃ では、しがつ ついたち より、いちぶ の せいひん に ついて、
Tôsha dewa, shigatsu tsuitachi yori, ichibu no seihin ni tsuite,
かかくかいてい を します。
kakaku kaitei o shimasu.

28 ここ すうねんらい の えんだか の ため、とうしゃ では かかく を ひきさげます。
Koko sûnenrai no endaka no tame, tôsha dewa
kakaku o hikisagemasu.

29 ざいこいっそう の ため、とくべつに ねびきします。
Zaiko issô no tame, tokubetsu ni nebiki shimasu.

30 サンプル を [おみせしましょう / さしあげましょう]。
Sanpuru o [omise shimashô/sashiagemashô].

5 KAUF UND VERKAUF
Anmerkungen

1 *(Waren) beziehen* しいれる（仕入れる）→ *Einkauf*
①しいれ（仕入れ）、かいつけ（買い付け）= fachsprachlich、
② こうにゅう（購入）

2 *im Einzelhandel tätig sein* こうり（小売り）を　する→ *Einzelhandelspreis*
こうりかかく（小売価格）、てんとうかかく（店頭価格）↔
Großhandelspreis おろしうりかかく（卸売価格）、おろしね（卸値）

3 *Begleichung* けっさい（決済）; *Scheck* こぎって（小切手）

4 *Kauf auf Kredit* かけうり（掛売り）

5 *Benutzer* ユーザー、りようしゃ（利用者）

6 *Vertretung, Agentur* だいりてん（代理店）、エージェント

11 *Verantwortlicher im Verkauf* はんばいせきにんしゃ（販売責任者）

12 *Vertreter* えいぎょうたんとうしゃ（営業担当者）→ *Firmenrepräsentant*
だいひょう（代表）

13 *Preis* ① かかく（価格）= *Preis eines Produkts* ② りょうきん（料金）=
Preis für Dienstleistungen

14 *Umsatz* うりあげ（売上）

15 *Abteilung* ぶもん（部門）、ぶ（部） → *Verkaufsabteilung* はんばいぶもん（販売部門）; *anfragen* といあわせる（問い合わせる）. Siehe gegenüberliegende Seite.

16 *Marge* マージン、りざや（利ざや）; *reduzieren* へらす（減らす）

17 *Preiserhöhung* ねあげ（値上げ）. Wenn es sich um eine *generelle Preissteigerung* in der Wirtschaft handelt: ぶっかじょうしょう（物価上昇）

18 *in Monatsraten* げっぷ（月賦）で; *bezahlen* しはらう（値上げ）Siehe gegenüberliegende Seite.

19 *in Raten zahlen* ぶんかつばらい（分割払い）にする、かっぷ（割賦）にする

20 *Leasing* リースはんばい（販売）

21 *Bezahlung* しはらい（支払い）→ *bezahlen* しはらう（支払う）

22 *Restsumme* ざんだか（残高）

23 *Anzahlung* うちきん（内金）、てつけきん（手付金）

24 *Bestellung* ちゅうもん（注文）、オーダー

27 *den Preis ändern* かかくかいてい（価格改定）を　する

28 *den Preis erhöhen* ねさげ（値下げ）する、かかく　を　ひきさげる（価格を引き下げる）

29 *Lagerräumungsverkauf* ざいこいっそう（在庫一掃）

30 *Muster, Probe* サンプル (sample), みほん（見本）; みせる *zeigen* →
おみせする　（お…する） Siehe S. 63.

ANALYSE DER HÖFLICHKEITSSPRACHE – I

15 & 18: ご / お…いただく(…ていただく、…てもらう)

いただくist die bescheidene Variante von もらう *bekommen*. Wenn das Verb mit Hilfe von て an ein anderes Verb angehängt wird, bedeutet もらう, dass der Sprecher von dem Hörer oder einer dritten Person einen Gefallen in Form einer Handlung erwiesen bekommt bzw. bekommen hat: *mir wurde freundlicherweise* .... Das Subjekt wird häufig ausgelassen und ist nur in Ausnahmefällen die zweite oder dritte Person. Der Sprecher drückt mit der Konstruktion seine Dankbarkeit der handelnden Person gegenüber aus. Die Konstruktion ohne das Präfix der Höflichkeit, aber mit て, „... ていただく" liegt was das Niveau der Höflichkeit betrifft zwischen „ご / お…いただく" und „... てもらう".

ご (お)	+	① das Substantiv drückt eine Handlung aus ; ② Verbalphrase, endend auf する, welches aber ausgelassen wird	+	いただく
お	+	③ alle andere Verben außer する, so abgeändert, dass ます angehängt werden kann		

BEISPIEL

①	そくろう Besuch	(= Substantiv, höflich)	→ご足労(そくろう)いただく
②	しょうかいする *vorstellen*	(しょうかいする)	→ご紹介(しょうかい)いただく
③	はなす *erzählen*	(はなします)	→お話(はなし)いただく

- Die ausgefeilte Form I: ご / お…いただけます(…ていただける、…てもらえる)
  Sie hat die Bedeutung „*Möglichkeit von einer Handlung zu profitieren*" und wird im Fall von Bedingungen oder Hypothesen verwendet. Wenn der Sprecher dem Hörer vorschlägt, etwas zu tun, kann man diese Konstruktion verwenden: *Sie könnten für mich ...*
  BEISPIEL: お問(と)い合(あ)わせいただけます。*Sie können sich gerne erkundigen, wenn Sie das wünschen.*
- Die ausgefeilte Form II: ご / お…いただけますか(…ていただけますか、…てもらえますか)
  Mit der Fragepartikel か bedeutet die Konstruktion: *Wären Sie so freundlich und würden für mich ...?*
  BEISPIEL: ご紹介(しょうかい)いただけますか。*Könnten Sie mir ihn/sie freundlicherweise vorstellen?*

6 VERTRETERGESCHÄFT

1 Unser Verkaufsmitarbeiter wird nächsten Dienstag bei Ihnen vorbeikommen.

2 Ich werde ab dem ... in Ihrer Region sein.

3 Ich bin der neue Bereichsleiter.

4 Freut mich, Sie kennenzulernen.

5 Ich bin seit kurzem der Bereichsleiter.

6 Ich werde für eine Woche abwesend sein.

7 Ich besuche Sie grundsätzlich jeden Monat.

8 Darf ich Ihnen unser neues Produkt vorstellen.

9 Wir haben viele [Geschäftsverbindungen/Kunden] [in Übersee/im Ausland].

10 Wir haben hier [einen Katalog/eine Gebrauchsanleitung] auf Englisch für Sie gerichtet.

11 Wir haben kürzlich eine Geschäftsstelle in Ihrer Nähe eröffnet.

12 Ich bin der Nachfolger von Herrn/Frau X, der/die [in Ruhestand gegangen ist/zur Zentrale gewechselt hat].

13 Die gleiche Bestellung wie immer?

14 Dieses Produkt dürfte bei Ihren Kunden [Interesse/Gefallen] erwecken.

6 えいぎょう

1 わがしゃ　の　えいぎょうたんとうしゃ　が　らいしゅう　の　かようび　に　うかがいます。
Wagasha no eigyô tantôsha ga raishû no kayôbi ni ukagaimasu.
2 わたくしは　おんしゃ　の　ある　[ちいき / ちほう]　に　…から　おります。
Watakushi wa onsha no aru [chiiki/chihô] ni … kara orimasu.
3 わたくし　は　あたらしい　エリアマネージャー　です。
Watakushi wa atarashii eria manêjâ desu.
4 はじめまして。
Hajimemashite.
5 わたくし　は　このたび　この　[ちく / エリア]　の　たんとう　に　なりました。
Watakushi wa kono tabi kono [chiku/eria] no tantô ni narimashita.
6 わたくし　は　いっしゅうかん　ふざい　の　よてい　です。
Watakushi wa isshûkan fuzai no yotei desu.
7 げんそくとして　まいつき　うかがいます。
Gensoku toshite maitsuki ukagaimasu.
8 しんせいひん　を　ごしょうかいしましょう。
Shinsei-hin o go-shôkai shimashô.
9 わがしゃ　には　[かいがい / がいこく]　の　[とりひきさき / クライアント]　が　たくさんいます。
Wagasha niwa [kaigai/gaikoku] no [torihikisaki/kuraianto] ga takusan imasu.
10 えいご　の　[カタログ / しようしょ]　を　ごよういしています。
Eigo no [katarogu/shiyôsho] o go-yôi shite imasu.
11 わがしゃ　では　さいきん　おんしゃ　の　ちかく　に　あたらしい　じぎょうしょ　を　オープンしました。
Wagasha dewa saikin onsha no chikaku ni atarashii jigyôsho o ôpun shimashita.
12 わたくし　は　[たいしょくした / ほんしゃ　へ　いどうした]　X　の　こうにん　です。
Watakushi wa [taishoku shita/honsha e idô shita] X no kônin desu.
13 いつもどおり　の　[オーダー / ごちゅうもん]　ですか。
Itsu mo dôri no [ôdâ/go-chûmon] desu ka.
14 この　しょうひん　は　おんしゃ　の　こきゃく　の　[かんしん　を　ひく / きにいる]　でしょう。
Kono shôhin wa onsha no kokyaku no [kanshin o hiku/ki ni iru] deshô.

15 Wir haben dieses neue Modell gerade [angekündigt/auf den Markt gebracht].

16 Ich kann es Ihnen vorführen.

17 Dieses hier verkauft sich besser als das frühere Modell.

18 Mein Kollege wird Sie gegen Monatsende nochmals aufsuchen.

19 Sie können [ihn/sie] auf die Probe stellen.

20 Wenn Sie jetzt bestellen, gilt der alte Preis.

21 Ich werde Ihnen unseren neuen Katalog geben.

22 Die Referenznummer hat sich geändert, aber es ist das gleiche Produkt.

23 Das Layout des Bestellscheins wurde vereinfacht.

24 Sie scheinen alles verkauft zu haben.

25 Haben Sie Interesse an unserem neuen Ausstellungsständer?

26 Hier die Liste mit unseren Neuheiten.

27 Das Buch wird vor dem dritten Quartal nicht wieder verlegt.

6 えいぎょう

15 とうしゃ では この あたらしい モデル を [はっぴょう / はつばい] したところです。
Tôsha dewa kono atarashii moderu o [happyô/hatsubai] shita tokoro desu.

16 [じつえん / デモンストレーション] できます。
[Jitsuen/Demonsutorêshon] dekimasu.

17 これ は いぜん の モデル より よく うれています。
Kore wa izen no moderu yori yoku urete imasu.

18 わたくし の どうりょう が げつまつ に あらためて うかがいます。
Watakushi no dôryô ga getsumatsu ni aratamete ukagaimasu.

19 [かれ / かのじょ] を [つかってやってください / おためしください]。
[Kare/Kanojo] o [tsukatte yatte kudasai/o-tameshi kudasai].

20 いま ごちゅうもんいただくと、きゅうかかく が てきようされます。
Ima go-chûmon itadaku to, kyûkakaku ga tekiyô saremasu.

21 とうしゃ の あたらしい カタログ を さしあげます。
Tôsha no atarashii katarogu o sashiagemasu.

22 リファレンス ばんごう は かわりましたが、これ は おなじ せいひん です。
Rifarensu bangô wa kawarimashita ga, kore wa onaji seihin desu.

23 [ちゅうもんしょ / はっちゅうしょ] の レイアウト が かんりゃくか されました。
[Chûmonsho/Hatchûsho] no reiauto ga kanryakuka saremashita.

24 おんしゃ では かんばいした ようですね。
Onsha dewa kanbai shita yô desu ne.

25 とうしゃ の あたらしい ディスプレイじゅうき に きょうみ が ありますか。
Tôsha no atarashii dispurei jûki ni kyômi ga arimasu ka.

26 これ が とうしゃ の しんせいひん リスト です。
Kore ga tôsha no shinseihin risuto desu.

27 この ほん は だいさん しはんき まえ に さいはんされること は ないでしょう。
Kono hon wa daisan shihanki mae ni saihan sareru koto wa nai deshô.

6 VERTRETERGESCHÄFT
Anmerkungen

1 Das Verb うかがう ist die höfliche Variante von たちよる(立寄る) *vorbeischauen* oder ほうもん(訪問)する *besuchen.*

2 *Region* ① ちほう(地方), ② ちいき(地域) = *Gebiet*

3 *Bereichsleiter* エリアマネージャー(area manager)

4 *Freut mich, Sie kennen zu lernen* はじめまして. Man kann auch sagen: おめにかかれて　こうえいです。

5 *zugewiesen bekommen* ...に　はいぞく(配属)される、...の　たんとう(担当)になる; *Gebiet* ① エリア(area)、ちく(地区) = *eine geografische Einteilung,* ② ぶんや(分野)、ぎょうかい(業界) = *Branche*; *gerade eben + Perfekt* ...した [ばかり/ところ] だ → In einer Situation, in der man gerade neu ernannt wurde: わたくしは　このたび　...　と　なりました。

8 *vorstellen* しょうかい(紹介)する → ごしょうかいしましょう Siehe S. 63; *Neuheit* しんせいしん(新製品)

9 *Geschäftsverbindung* ① クライアント、② とりひきさき(取引先), dieses Wort bezeichnet die Personen, mit denen man Geschäfte oder andere kommerziellen Transaktionen tätigt, also nicht nur den Käufer, sondern auch Zulieferer und Subunternehmer.

10 *Prospekt* パンフレット、あんないしょ(案内書); *Gebrauchsanleitung* しようしょ(仕様書) für Geräte und Maschinen、① ぎじゅつしょ(技術書); ようい(用意)する *richten, vorbereiten* → ごよういする Siehe S. 63.

11 *Geschäftsstelle* ① じぎょうしょ(事業所)、えいぎょうしょ(営業所)、してん(支店) = *Zweigstelle,* ② だいりてん(代理店) = *Vertretung*

12 *der Nachfolger von ... sein* ...の　こうにん(後任)になる; *Ruhestand* たいしょく(退職)

16 *Vorführung* じつえん(実演)、デモンストレーション

18 *Kollege* どうりょう(同僚); *am Monatsende* げつまつ(月末)に; *nochmals*: [ふたたび(後任)/もういちど/あらためて] ...する

19 *versuchen* ためす → おためしください。Siehe gegenüberliegende Seite.

20 *bestellen* ちゅうもん(注文)する → ごちゅうもんいただく. Siehe S. 51.

22 *Referenznummer* リファレンスばんごう(番号)

23 *Layout* ① レイアウト von Dokumenten、② *Aufmachung* ていさい(体裁) bei Verpackung oder Produktgestaltung; *Bestellschein* ちゅうもんしょ(注文書)、はっちゅうしょ(発注書); *vereinfachen* かんりゃくか(簡略化)する

24 *alles verkaufen* かんばい(完売)する

25 *Ausstellungsregal* ディスプレイじゅうき(什器)

27 *Buch* ほん(本); *veröffentlichen, verlegen* しゅっぱん(出版)する → *wieder auflegen* さいはん (再版)する; *Vierteljahr* しはんき(四半期)

ANALYSE DER HÖFLICHKEITSSPRACHE – II

19 おためしください（ご / お…ください）

Sehr höflicher Ausdruck, um jemanden um etwas zu bitten: *Würden Sie…*

Ⓐ ご（お）	+	Ⓑ Verbalphrase, endend auf する, welches aber ausgelassen wird	+	Ⓒ ください	+	Ⓓ ませ
Ⓐ お	+	Ⓑ Alle anderen Verben außer する, so abgeändert, dass ます angehängt werden kann	+	Ⓒ ください	+	Ⓓ’ ますか

Ⓐ Zur Wahl des richtigen Präfixes, siehe S. 69.

Ⓑ Alle Verben ändern sich, je nachdem welches Wort – Hilfsverb oder Endung – daran angehängt wird. Für diesen Ausdruck verwendet man die Verben in der Form, in der auch ます angehängt werden kann (Bsp. 2). Verbalphrasen auf する bilden eine Ausnahme Ⓑ; する fällt vor ください (Bsp. 1) weg.

Ⓒ ください ist die Befehlsform des Verbs der Ehrerbietung くださる *geben*. Hier hat das Verb nicht die Bedeutung von *geben*, sondern transportiert lediglich den Aufforderungscharakter und die Höflichkeit.

Ⓓ Um größere Dankbarkeit auszudrücken, kann man ませ, die Befehlsform von ます, das seinerseits ein Hilfsverb der Höflichkeit ist, anhängen: *Ich möchte Sie freundlichst bitten…* Diese Formulierung wird häufig bei Händlern verwendet. Ⓓ‘ Um daraus eine Frage zu machen, hängt man ますか an.

BEISPIELE:

1. けんとう *Prüfung* + する *machen* = *prüfen* — （けんとうする）→ ご検討(けんとう)ください

   きょうりょく *Unterstützung* + する = *unterstützen* — （きょうりょくする）→ ご協力(きょうりょく)ください

2. ためす *versuchen* — （ためします）→ お試(ため)しください

   おくる *senden* — （おくります）→ お送(おく)りください

7 WERBUNG

1 Wir werben im Fernsehen und im Radio.

2 Das ist eine gute Gelegenheit, das Image unserer Marke zu verbessern.

3 Wir haben bei den [Jugendlichen/Teenagern] ein sehr gutes Image.

4 Wir haben es nicht nötig, in den Medien Werbung zu machen.

5 Unsere Werbung [ist die Qualität unseres Produktes und unseres Services/übernehmen unsere Kunden].

6 Die Werbekampagne war ein voller Erfolg.

7 Es ist eine alte Marke, aber wir haben das Image erfolgreich erneuert.

8 Das ist der Medienplan für das nächste Jahr.

9 Das ist ein Zeitschriftenartikel über unsere Firma.

10 Dieses Produkt wurde von der bekanntesten Frauenzeitschrift in Frankreich prämiert.

11 Haben Sie schon unsere neueste Anzeige gesehen?

12 Soll ich Ihnen per E-Mail die Pressemitteilung zuschicken?

13 Wir bereiten gerade mit der Werbeagentur Bilder für unsere neuen Produkte vor.

7 せんでん/こうこく

1 わがしゃ では テレビ と ラジオ で せんでんしています。
Wagasha dewa terebi to rajio de senden shite imasu.

2 わがしゃ の ブランド の イメージアップ を はかる よい きかい です。
Wagasha no burando no imêji appu o hakaru yoi kikai desu.

3 わがしゃ は [わかもの / ティーンエイジャー] の あいだで たいへん よい イメージ を えています。
Wagasha wa [wakamono/tîneijâ] no aida de taihen yoi imêji o ete imasu.

4 わがしゃ は メディア を とおして せんでんする ひつよう は ありません。
Wagasha wa media o tôshite senden suru hitsuyô wa arimasen.

5 わがしゃ の せんでん とは、[せいひん と サービス の クオリティ です / おきゃくさま が それ を します]。
Wagasha no senden towa, [seihin to sâbisu no kuoriti desu/o-kyaku-sama ga sore o shimasu].

6 せんでん キャンペーン は だいせいこう でした。
Senden kyanpên wa daiseikô deshita.

7 ふるい ブランド ですが、イメージさっしん に せいこうしました。
Furui burando desu ga, imêji sasshin ni seikô shimashita.

8 これ が らいねん の メディアプラン です。
Kore ga rainen no media puran desu.

9 これ は ざっし に しょうかいされた わがしゃ の きじ です。
Kore wa zasshi ni shôkai sareta wagasha no kiji desu.

10 この せいひん は フランス で いちばん じゅうような ふじんし から しょう を えました。
Kono seihin wa furansu de ichiban jûyô na fujinshi kara shô o emashita.

11 わがしゃ の さいしん の こうこく を ごらんになりましたか。
Wagasha no saishin no kôkoku o go-ran ni narimashita ka.

12 メール で プレスリリース を おおくりしましょう。
Mêru de puresu rirîsu o o-okuri shimashô.

13 こうこくだいりてん と じかい の しんせいひん の ヴィジュアル を じゅんびしているところです。
Kôkoku dairiten to jikai no shinseihin no vijuaru o junbi shite iru tokoro desu.

14 Wir unterstützen diese Ausstellung als Sponsor.

15 Dieses Angebot ist [während der Werbekampagne/bis zum ...] gültig.

16 Darf ich ihnen ein kostenloses Abonnement anbieten?

17 Alle diese Modelle sind in unserem Ausstellungsraum ausgestellt.

18 Dieses Produkt ist ein Sonderangebot.

19 Während der Werbekampagne geben wir 5 Prozent Rabatt.

20 10% Rabatt auf den Ausschilderungspreis.

21 Das bieten wir kostenlos bei einem Einkauf über ... an.

22 Wenn Sie jetzt bestellen, [können Sie es zum speziellen Markteinführungspreis erwerben/sparen Sie ...].

23 Unsere Fabrik hat am ... einen Tag der offenen Tür.

24 Wir bieten ihnen zwei zum Preis von einem an.

25 Wir feiern dieses Jahr unser 20-jähriges Bestehen.

26 Diese Konditionen gelten nur während der Kampagne.

27 In Amerika ist seit vielen Jahren vergleichende Werbung erlaubt.

7 せんでん/こうこく

14 メセナ として、わがしゃ は この てんらんかい を こうえんしています。
Mesena toshite, wagasha wa kono tenrankai o kôen shite imasu.

15 この オファー は [キャンペーン きかんちゅう / … まで] ゆうこう です。
Kono ofâ wa [kyanpên kikan-chû/... made] yûkô desu.

16 むりょう [ていきこうどく / ていきけいやく] を ていきょうしましょう。
Muryô [teiki kôdoku/teiki keiyaku] o teikyô shimashô.

17 これら すべて の モデル は とうしゃ の ショールーム に てんじされています。
Korera subete no moderu wa tôsha no shôrûmu ni tenji sarete imasu.

18 この しょうひん は とくばいひん です。
Kono shôhin wa tokubaihin desu.

19 キャンペーン きかんちゅう、ごパーセント の わりびき が あります。
Kyanpên kikan-chû, go-pâsento no waribiki ga arimasu.

20 ひょうじかかく の じゅっパーセント わりびき。
Hyôji kakaku no juppâsento waribiki.

21 … いじょう の かいもの すべて に むりょう で ていきょうされます。
... ijô no kaimono subete ni muryô de teikyô saremasu.

22 いま すぐの ごちゅうもん であれば、[はつばい きねん とくべつ かかく で ごこうにゅういただけます / …の おとくになります]。
Ima sugu no go-chûmon de areba, [hatsubai kinen tokubetsu kakaku de go-kônyû itadakemasu/... no o-toku ni narimasu].

23 とうしゃ では … に こうじょう の いちにち じゆうけんがく を おこないます。
Tôsha dewa ... ni kôjô no ichinichi jiyû kengaku o okonaimasu.

24 いっこぶん の かかく で、ふたつ ていきょう しましょう。
Ikkobun no kakaku de, futatsu teikyô shimashô.

25 とうしゃ は ことし そうぎょう にじゅっしゅうねん を いわいます。
Tôsha wa kotoshi sôgyô nijusshûnen o iwaimasu.

26 この じょうけん は キャンペーン きかんちゅう のみ、ゆうこう です。
Kono jôken wa kyanpên kikan-chû nomi, yûkô desu.

27 アメリカ では、ひかくこうこく は ながねんにわたり ごうほう です。
Amerika dewa, hikaku kôkoku wa naganen ni watari gôhô desu.

7 WERBUNG
Anmerkungen

1 *Werbung machen* せんでん(宣伝)する; *Werbung* せんでん、こうこく(広告)

2 *das Markenimage verbessern* ブランドのイメージアップ を はかる、ブランドイメージ を たかめる → *ein Markenimage schaffen* ブランドイメージ の かくりつ(確立) → *Wahrnehmung der Marke durch die Verbraucher* ブランド の にんち(認知) → *Abgrenzung zur Konkurrenz* たしゃ(他社)との さべつか(差別化)

3 *Teenager* ティーンエイジャー(teenager)

4 *Medien* メディア → *Massenmedien* マスメディア

5 *Qualität* クオリティ(quality)、しつ(質)

6 *Werbekampagne* [せんでん(宣伝)/こうこく(広告)]キャンペーン

7 *Imageerneuerung* イメージ さっしん(刷新)

8 *Medienplan* メディアプラン; *Werbemedium* こうこく(広告)ばいたい(媒体)

9 *Zeitungsartikel* きじ(記事); *Zeitschrift* ざっし(雑誌)

10 *einen Preis bekommen* しょう(賞)をえる; *Frauenzeitschrift* じょせいし(女性誌) → *Männerzeitschrift* だんせいし(男性誌)

11 *Anzeige* こうこく(広告)

12 *Pressemitteilung* プレスリリース (press release); おおくりする Für die Analyse, siehe gegenüberliegende Seite.

13 *Werbeagentur* こうこくだいりてん(広告代理店);
Bild, Visuals ヴィジュアル (visual)

14 *Mäzen, Sponsor* メセナ; *unterstützen* こうえん(後援)する

15 *Angebot* オファー → *anbieten* ていきょう(提供)する

16 *(Zeitungs)Abonnement* ① ていきこうどく(定期購読), ② ていきけいやく(定期契約) *Serviceabonnement*; *kostenlos* むりょう(無料)

17 *Ausstellungsraum* ショールーム(show room)、てんじかいじょう(展示会場)

18 *Sonderangebot* とくばいひん(特売品)、とっかひん(特価品)

19 *Rabatt* わりびき(割引)、ねびき(値引き)

20 *ausgeschilderter Preis* ひょうじかかく(表示価格)

22 *spezieller Markteinführungspreis* はつばいきねん とくべつかかく(発売記念特別価格); *sparen* せつやく(節約)する、とく(得)をする; *kaufen* こうにゅう(購入)する → ごこうにゅういただけます Siehe S. 51.

27 *vergleichende Werbung* ひかくこうこく(比較広告); *legal* ごうほう(合法)な

ANALYSE DER HÖFLICHKEITSSPRACHE – III

12 おおくりする （ご/お…する）

Dieser Ausdruck, der die Verben in die Sprache der Bescheidenheit setzt, erlaubt dem Sprecher, seinen Respekt gegenüber anderen auszudrücken, sei es, indem er sich selbst „erniedrigt", sei es aus purer Höflichkeit.

① Verbalausdrücke mit dem Verb する nehmen in dieser Konstruktion das Höflichkeitspräfix ご（お）zu sich:

ご（お） + Verbalphrase, endend auf する（します）

BEISPIEL しょうかいする → ごしょうかいする（ご紹介します）
vorstellen

② Alle anderen Verben außer する werden wie folgt verändert:

お + so abgeändert, dass ます angehängt werden kann + する（します）

BEISPIEL おくる *schicken* → おおくりする（お送りします）
（おくります）

Bei Verben, die eine irregulär gebildete Variante für die Sprache der Bescheidenheit haben, kann man diese Regel nicht anwenden. Siehe S. 8 unter KEIGO.

KULTUR

Vergleichende Werbung gibt es zwar in Japan, aber in den meisten Fällen handelt es sich dabei um den Vergleich zwischen einem neuen und dem alten Produkt desselben Unternehmens. Viele japanische Unternehmen haben eine Abneigung gegenüber der vergleichenden Werbung, da sie fürchten, verklagt zu werden. Außerdem kann man in bestimmten Branchen, in denen der Abstand zwischen der Nummer 1 und der Nummer 2 zur Sprache kommt, vergleichende Werbung finden, bei der sich die Nummer 2 mit dem Marktführer vergleicht. Das Hauptziel dabei ist es eher, die Verbraucher zu beeindrucken, als sie von der Qualität des Produkts zu überzeugen. Diese sehr seltene Art der Werbung verwendet eher einen humorvollen Stil.

8 ONLINE-GESCHÄFT

1 Auf unserer Homepage bieten wir Preisnachlässe an.

2 Klicken Sie auf unsere Startseite.

3 Auf unserer Homepage können sie Bilder unserer Hotels sehen.

4 Unser Reservierungssystem ist einfach in der Benutzung.

5 Unser Online-Bezahlungssystem ist sicher.

6 Sie können die Rechnung per Mail erhalten.

7 Unser Server wird täglich aktualisiert.

8 Die Einkäufe werden dem Kunden nach Hause geliefert.

9 Sie können sich Luftaufnahmen von den Orten, die Sie besuchen möchten, anschauen.

10 ... können Sie unserer Datenbank entnehmen.

11 Sie können die Tickets über das Internet erwerben.

12 Das Risiko ist das gleiche wie beim Telefonverkauf oder dem Versandhandel.

13 Wir betreiben derzeit Online-Handel.

14 Haben Sie unsere Internet-Auktion ausprobiert?

8 オンライン　はんばい

1 とうしゃ　の　ホームページ　では　わりびきりょうきん　を
ていじしています。
Tôsha no hômu pêji dewa waribiki ryôkin o teiji shite imasu.

2 [トップページ / ホーム]　を　クリックしてください。
[Toppu pêji/hômu] o kurikku shite kudasai.

3 わがしゃ　の　[ウェブサイト / ホームページ]　で、ホテル　の
しゃしん　を　ごらんいただけます。
Wagasha no [uebu saito/ hômu pêji] de, hoteru no
shashin o go-ran itadakemasu.

4 わがしゃ　の　よやく　エンジン　は　つかいかた　が　かんたん　です。
Wagasha no yoyaku enjin wa tsukaikata ga kantan desu.

5 オンラインじょう　での　しはらいシステム　は　あんぜん　に　かん
りされています。
Onrain-jô deno shiharai shisutemu wa anzen ni kanri sarete imasu.

6 メール　にて　せいきゅうしょ　を　うけとること　が　できます。
Mêru nite seikyûsho o uketoru koto ga dekimasu.

7 わがしゃ　の　サーバー　は　まいにち　こうしんされています。
Wagasha no sâbâ wa mainichi kôshin sarete imasu.

8 こうにゅうしょうひん　は　かいて　の　じたく　まで　はいそうされます。
Kônyû shôhin wa kaite no jitaku made haisô saremasu.

9 これから　いこうとする　ばしょ　の　こうくう　しゃしん　を　みること
が　できます。
Kore kara ikô to suru basho no kôkû shashin o miru koto ga dekimasu.

10 …　を　しらべるには、　わがしゃ　の　データベース　を
ごさんしょうください。
... o shiraberu niwa, wagasha no dêtabêsu o go-sanshô kudasai.

11 ネットじょう　で　チケット　を　こうにゅうできます。
Netto-jô de chiketto o kônyû dekimasu.

12 リスク　は　テレフォンショッピング　でも　つうしんはんばい　でも
おなじです。
Risuku wa terefon shoppingu demo tsûshin hanbai demo onaji desu.

13 わがしゃ　では　げんざい　オンラインはんばい　を　おこなってい
ます。
Wagasha dewa genzai onrain hanbai o okonatte imasu.

14 わがしゃ　の　ネットオークション　を　ためしてみましたか。
Wagasha no netto ôkushon o tameshite mimashita ka.

15 Wir erhalten immer mehr Online-Bestellungen.

16 [Die Region/Das Gebiet] oder die Stadt können Sie im Pull-down-Menü auswählen.

17 Auf unserer Homepage steht sogar die Wettervorhersage.

18 Unser Verschlüsselungssystem schützt die persönlichen Daten der Kunden / Ihre persönlichen Daten.

19 Unsere Seite ist mit ... verlinkt.

20 Benutzen Sie eine schnelle Internetverbindung?

21 Sie können auch online bestellen.

22 Die am häufigsten aufgerufenen Webseiten liegen auf unserem lokalen Server.

23 Wir waren eine der ersten Firmen, die [ihre Produkte online verkauft/mit dem E-Commerce anfing].

24 Die Einnahmen aus dem Internetgeschäft entsprechen derzeit 15% unserer Einnahmen.

25 Unser Internetgeschäft hat beträchtlich zugenommen.

26 Sie können unsere Datei / Dateien lesen oder herunterladen.

27 Wir betreiben eine Auktionsseite.

28 Der Versandhandel entwickelt sich schnell.

15 わがしゃ　では　ますます　おおくの　オンラインちゅうもん　を　うけています。
Wagasha dewa masumasu ôku no onrain chûmon o ukete imasu.

16 [ちほう / ちいき] か　とし　を　プルダウンメニュー　から　せんたく　できます。
[Chihô/Chiiki] ka toshi o purudaun menyû kara sentaku dekimasu.

17 とうしゃ　の　ウェブサイト　には　てんきよほう　まで　あります。
Tôsha no uebu saito niwa tenki yohô made arimasu.

18 あんごうかシステム　が　おきゃくさま　の　こじんじょうほう　を　ほごします。
Angôka shisutemu ga o-kyaku-sama no kojin jôhô o hogo shimasu.

19 とうしゃ　の　サイト　は　…　に　リンクしています。
Tôsha no saito wa … ni rinku shite imasu.

20 こうそくインターネットせつぞく　を　りようしていますか。
Kôsoku intânetto setsuzoku o riyô shite imasu ka.

21 オンラインちゅうもん　できます。
Onrain chûmon dekimasu.

22 もっとも　アクセス　の　おおい　ウェブページ　は　とうしゃ　の　ローカルサーバー　に　ストックされています。
Mottomo akusesu no ôi uebu pêji wa tôsha no rôkaru sâbâ ni stokku sarete imasu.

23 とうしゃ　は　[オンライン　で　せいひん　を　はんばいした / でんししょうとりひき　を　はじめた] さいしょ　の　かいしゃ　の　ひとつ　です。
Tôsha wa [onrain de seihin o hanbai shita/denshishô torihiki o hajimeta] saisho no kaisha no hitotsu desu.

24 ネットはんばい　は　とうしゃ　の　うりあげ　の　げんざい　じゅうごパーセント　に　そうとうします。
Netto hanbai wa tôsha no uriage no genzai jûgo-pâsento ni sôtô shimasu.

25 とうしゃ　の　オンラインはんばい　は　ひやくてきに　ぞうかしました。
Tôsha no onrain hanbai wa hiyakuteki ni zôka shimashita.

26 とうしゃ　の　ファイル　を　よんだり、ダウンロードする　ことが　できます。
Tôsha no fairu o yondari, daunrôdu suru koto ga dekimasu.

27 とうしゃ　は　ネットオークション　の　サイト　を　うんえいしています。
Tôsha wa netto ôkushon no saito o unei shite imasu.

28 つうしんはんばい　は　きゅうそく　に　はってんしています。
Tsûshin hanbai wa kyûsoku ni hatten shite imasu.

8 ONLINE-GESCHÄFT
Anmerkungen

1 *Preisnachlass* わりびきりょうきん（割引料金））;
Internetseite インターネットサイト. Wenn es sich um die *Internetseite* eines Unternehmens handelt, spricht man von ホームページ (home page) oder ウェブサイト (website)

2 *Startseite* トップページ (top page)、ホーム (home)

3 ごらん（ご覧）= Substantiv, welches das Sehen ausdrückt → ごらんいただけます Siehe S. 51.

4 *Buchungssystem* よやく（予約）エンジン

5 *Zahlungssystem* しはらい（支払い）システム

6 *in Rechnung stellen* せいきゅう（請求）する → *Rechnung* せいきゅうしょ（請求書）; *Email* メール

7 *Server* サーバー; *aktualisieren* こうしん（更新）する

8 *Einkäufe* こうにゅうしょうひん（購入商品）; *zustellen* はいそう（配送）する; *zu Hause* じたく（自宅）; *Käufer* ① かいて（買い手）、こうにゅうしゃ（購入者）, ② バイヤー (buyer) = *professioneller Einkäufer.* Je nach Kontext kann man für *Käufer* auch おきゃくさま. sagen

10 *nachschlagen* さんしょう（参照）する → ごさんしょうください Siehe S. 57.; *Datenbank* データベース (database)

12 *Telefonverkauf* テレフォンショッピング (telephone shopping); *Versandhandel* つうしんはんばい（通信販売）、つうはん（通販）= *Home shopping (Einkaufen von Zuhause aus)* ホームショッピング (home-shopping)

13 おこなう = する *machen*

15 *Online-Bestellung* オンライン ［ちゅうもん（注文）/オーダー (order)］

16 *auswählen* せんたく（選択）する、えらぶ（選ぶ）; *Region* ① ちほう（地方）、② ちいき（地域）= *Gebiet*; *Stadt* とし（都市）; *Pull-down-Menü* プルダウンメニュー (pull-down menu)

18 *Verschlüsselungssystem* あんごうか（暗号化）システム; *Vertraulichkeit im Umgang mit den Daten garantieren* こじんじょうほう（個人情報）を ほご（保護）する

19 mit einer Seite *verlinkt sein* リンクする、せつぞく（接続）する

20 *schnelle Internetverbindung* こうそく（高速）インターネットせつぞく（接続）

22 *eine Seite besuchen* サイト にアクセス (access) する

23 *E-Commerce* でんししょうとりひき（電子商取引）

24 *Internetverkauf* ネットはんばい（販売）= *Online shopping* オンライン (on-line) はんばい（販売）

26 *herunterladen* ダウンロード (download) する; *Datei* ファイル (file)

27 *Internetauktion* ネットオークション; *betreiben* うんえい（運営）する

ANALYSE DER HÖFLICHKEITSSPRACHE – IV
Die Wahl zwischen den Präfixen ご und お

In diesem Buch analysieren wir verschiedene Ausdrücke der Höflichkeit (Analysen I–III und V), bei denen man die Verwendungsunterschiede der Präfixe ご und お kennen sollte. Die Präfixe drücken Höflichkeit aus, je nach Satzkonstruktion Ehrerbietung, Bescheidenheit bzw. allgemeinen Anstand. Die Wahl des Präfixes wird vom darauffolgenden Wort bestimmt (①–③).

Präfix		Wort		Endung
ご	+	① Substantive, die eine Handlung ausdrücken	+	いただく ください する です etc.
ご	+	② Verbalausdrücke, endend auf する *machen*, nach einem Substantiv, das eine Handlung ausdrückt (①). Beispiele A Verben mit ご: – しょうかい（紹介）*Vorstellung* + する = *vorstellen* – あいさつ *Gruß* + する = *grüßen* – ほうこく（報告）*Bericht* + する = *berichten* Beispiele B: Ausnahmen, die das Präfix お zu sich nehmen:		
(お)	+	– せわ（世話）*Hilfe* + する = *helfen* – でんわ（電話）*Telefon* + する = *anrufen*		
お	+	③ Alle anderen Verben außer する – とりかえる（取(と)り替(か)える）*ersetzen* – こたえる（答(こた)える）*erwidern, nachkommen*		

- Im Allgemeinen haben ① und ② die gleiche Bedeutung, mit Ausnahme einiger seltener Substantive, die nur nominal verwendet werden そくろう（足労）*das Kommen*.
- Die Verben nehmen unterschiedliche Endungen an, wenn ein Hilfsverb daran angeschlossen wird. Substantive, die nicht zu der obigen Kategorie gehören, nehmen tendenziell お zu sich, wenn sie in der くん（訓(くん)）[kun] (④) Lesung gelesen werden, während man das Präfix ご für Substantive, deren Kanji in der おん（音(おん)）[on] (⑤) Lesung gelesen werden, wählt. Der Großteil der Kanji verfügt über beide Lesungen, welche Lesung, くん oder おん, genommen wird, hängt von dem jeweiligen Wort ab.

BEISPIEL:

④ くるま *Auto* → お車(くるま) / てがみ *Brief* → お手紙(てがみ)
⑤ りょうしん *Eltern* → ご両親(りょうしん) / かぞく *Familie* → ご家族(かぞく)

9 MESSEN UND AUSSTELLUNGEN

1 Wir machen an unserem Stand Vorführungen.

2 Unser Stand befindet sich in der Nähe des Haupteingangs.

3 Die Ausstellung öffnet am 26. März.

4 Unser Stand befindet sich in Halle B.

5 Zutritt haben nur Fachleute.

6 Wir haben hier eine Broschüre und die technischen Informationen für Sie vorbereitet.

7 [Mit diesem Anstecker/Mit dieser Einladung] kommen Sie kostenlos hinein.

8 Diese Messe für Neuheiten findet alle zwei Jahre statt.

9 Die Podiumsdiskussion wird im Konferenzraum stattfinden.

10 Wir hatten viele Anfragen.

11 Wir nehmen jedes Jahr an der Wirtschaftsmesse teil.

12 Da werden unsere neuen Modelle vorgestellt.

13 Im Rahmen der Messe halten wir diese Veranstaltung ab.

14 Es nehmen viele ausländische Firmen daran teil.

9 みほんいち と てんじかい

1 わがしゃ の スタンド では、[じつえん / デモンストレーション] を します。
Wagasha no sutando dewa, [jitsuen/demonsutorêshon] o shimasu.

2 わがしゃ の スタンド は メインエントランス の ちかくに あります。
Wagasha no sutando wa mein entoransu no chikaku ni arimasu.

3 てんじかい は さんがつ にじゅうろくにち に [オープン / かいかい] します。
Tenjikai wa sangatsu nijûroku-nichi ni [ôpun/kaikai] shimasu.

4 わがしゃ の スタンド は ビー パビリオン に あります。
Wagasha no sutando wa bî pabirion ni arimasu.

5 アクセス は ぎょうかいかんけいしゃ に かぎられています。
Akusesu wa gyôkai kankeisha ni kagirarete imasu.

6 パンフレット と ぎじゅつしょ を ごよういしています。
Panfuretto to gijutsusho o go-yôi shite imasu.

7 [この バッジ / この しょうたいじょう] が あれば、むりょう で にゅうじょうできます。
[Kono bajji/Kono shôtaijô] ga areba, muryô de nyûjô dekimasu.

8 この しんせいひんてんじかい は にねん に いちど かいさいされます。
Kono shinseihin tenjikai wa ninen ni ichido kaisai saremasu.

9 パネルディスカッション は コンフェランスかいじょう で おこなわれる よてい です。
Paneru disukasshon wa konferansu kaijô de okonawareru yotei desu.

10 わがしゃ では たくさん の といあわせ を いただきました。
Wagasha dewa takusan no toiawase o itadakimashita.

11 わがしゃ は まいとし しょうぎょうみほんいち に さんかしています。
Wagasha wa maitoshi shôgyô mihon´ichi ni sanka shite imasu.

12 そこでは、 わがしゃ の あたらしい モデル が しょうかいされています。
Soko dewa, wagasha no atarashii moderu ga shôkai sarete imasu.

13 みほんいち の いっかん として、わがしゃ は この イベント を おこないます。
Mihon´ichi no ikkan toshite, wagasha wa kono ibento o okonaimasu.

14 がいこくきぎょう が たすう さんかします。
Gaikoku kigyô ga tasû sanka shimasu.

15 Haben Sie [eine Gesamtübersicht/eine Liste] der Aussteller?

16 Wir hätten gerne den großen Platz in der Mitte der Halle.

17 Wann läuft die Frist für die [Anmeldung/Registrierung] ab?

18 Die Ausstellungsgebühr beträgt X pro Quadratmeter.

19 Der Messestand ist mit ... ausgestattet.

20 Die Messe findet im Herbst statt.

21 Der erste Tag ist den Fachleuten und der Presse vorbehalten.

22 An unserem Stand wird Sie ab 10 Uhr eine Messehostess empfangen.

23 Die Anstecker erhalten Sie am Empfang.

24 Unsere Broschüre ist ins Englische und ins Deutsche übersetzt.

25 Wir stellen auf allen großen Messen aus.

26 Wir wollen unser Produkt / unsere Produkte auf der ... Messe vorstellen.

27 Die diesjährigen Besucherzahlen übersteigen die des Vorjahrs.

28 Aussteller aus 40 Ländern nehmen an dieser internationalen Messe teil.

15 しゅってんしゃ の [そうらん / リスト] は ありますか。
Shuttensha no [sôran/risuto] wa arimasu ka.

16 とうしゃ は ホール ちゅうおう の いちばん ひろい スペース を きぼうします。
Tôsha wa hôru chûô no ichiban hiroi supêsu o kibô shimasu.

17 [もうしこみ / とうろく] しめきりび は いつ ですか。
[Môshikomi/Tôroku] shimekiribi wa itsu desu ka.

18 しゅってんりょうきん は いちへいべい X です。
Shutten ryôkin wa ichiheibei x desu.

19 [スタンド / ブース] には … が せっちされています。
[Sutando/bûsu] niwa ... ga setchi sarete imasu.

20 てんじかい は あき に かいさいされます。
Tenjikai wa aki ni kaisai saremasu.

21 しょにち は ぎょうかいかんけいしゃ と ほうどうかんけいしゃ に かぎられます。
Shonichi wa gyôkai kankeisha to hôdô kankeisha ni kagiraremasu.

22 とうしゃ の スタンド では、コンパニオン が じゅうじ から みなさま を おむかえします。
Tôsha no sutando dewa, konpanion ga jûji kara minasama o o-mukae shimasu.

23 うけつけ で バッジ を うけとれます。
Uketsuke de bajji o uketoremasu.

24 とうしゃ の パンフレット は えいご と ドイツご に ほんやくされています。
Tôsha no panfuretto wa eigo to doitsugo ni honyaku sarete imasu.

25 とうしゃ は しゅよう てんじかい の すべて に しゅってんしています。
Tôsha wa shuyô tenjikai no subete ni shutten shite imasu.

26 とうしゃ の せいひん は … の みほんいち で しょうかいされる よていです。
Tôsha no seihin wa ... no mihon´ichi de shôkai sareru yotei desu.

27 この てんじかい の らいじょうしゃすう は さくねん を うわまわっています。
Kono tenjikai no raijôshasû wa sakunen o uwamawatte imasu.

28 よんじゅっかこく の しゅってんしゃ が この こくさい てんじかい に さんかします。
Yonjukkakoku no shuttensha ga kono kokusai tenjikai ni sanka shimasu.

9 MESSEN UND AUSSTELLUNGEN
Anmerkungen

1 *Stand* スタンド、ブース(booth)

2 *Eingang* エントランス、いりぐち(入り口)

3 *Ausstellung* ① てんじかい(展示会)、② てんらんかい(展覧会) für Kunstausstellungen; *öffnen* ① オープン(open)する、かいかい(開会)する、② かいてん(開店) する für Geschäfte ↔ *schließen* ① クローズ(close)する、へいかい(閉会)する、② へいてん(閉店)する für Geschäfte

5 *Zutritt* アクセス; *Fachleute* ぎょうかいかんけいしゃ(業界関係者). Das Wort かんけいしゃ bedeutet *die betroffenen Personen.*

6 *Prospekt* パンフレット(pamphlet)、あんないしょ(案内書); *technische Anleitung* ① ぎじゅつしょ(技術書)、 テクニカルシート (technical sheet)、 ② しようしょ(仕様書) vor allem für Geräte und Maschinen; ごよういしています Siehe S. 63. ← ようい(用意)する *vorbereiten*

7 *Einladungsschreiben* しょうたいじょう(招待状); *kostenlos* むりょう(無料)で

8 *Messe* てんじかい(展示会) → *Automobilmesse* モーターショー(motor show); *stattfinden = abgehalten werden* ① おこなわれる(行われる)、② かいさい (開催)される für Ausstellungen und Messen

9 *Podiumsdiskussion* パネルディスカッション(panel discussion); *Konferenzraum* [コンフェランス/こうえん(講演)] かいじょう(会場) → *eine Konferenz abhalten* こうえん(講演)する → *Pressekonferenz* きしゃかいけん(記者会見)

10 いただく ist die bescheidene Variante von もらう *bekommen*; *Anfrage* といあわせ(問い合わせ)

11 *an der Messe teilnehmen/ausstellen* みほんいち(見本市)に [さんか(参加)/しゅっ てん(出展)] する; *Wirtschaftsmesse* しょうぎょうみほんいち(商業見本市)

12 *Modell* モデル、きしゅ(機種); *vorstellen* しょうかい(紹介)する

13 *Veranstaltung* イベント(event); *im Rahmen von* ... の いっかん(一環)として

14 *Teilnahme* さんか(参加) → *teilnehmen* さんか(参加)する

15 *Gesamtüberblick* そうらん(総覧); *Aussteller* しゅってんしゃ(出展者) → *ausstellende Unternehmen* しゅってんきぎょう(出展企業)

16 *Platz* ばしょ(場所)、スペース (space)

17 *Frist* しめきり(締め切り); *Anmeldung* もうしこみ(申し込み)、とうろく(登録)

18 *Standmiete* しゅってんりょうきん(出展料金); *m^2* いちへいべい(一平米) → つぼ(坪) ungefähr 3,3 m^2 = traditionelle Maßeinheit für Flächen.

21 *erster Tag* しょにち（初日）; *Presse(leute)* ほうどうかんけいしゃ（報道関係者）、プレス

22 *Messehostess* コンパニオン; みなさま（皆様）bedeutet zusammen mit dem Suffix さま, dessen Höflichkeitsgrad höher ist als さん, *alle*. Je nach Kontext kann man auch *Sie* sagen, wie z.B. おきゃくさま（お客様）; むかえる *empfangen* → おむかえします Siehe S. 63.

24 *Broschüre* パンフレット; *übersetzen* ほんやく（翻訳）する、やくす（訳す）; *Englisch* えいご（英語）; *Deutsch* ドイツご（語）→ *Französisch* フランスご（語）

25 *bei einer Messe ausstellen* てんじかい（展示会）に [しゅってん（出展）する/さんか（参加）する]; wichtige Messen しゅよう（主要）てんじかい（展示会）

27 *Besucherzahl* らいじょうしゃすう（来場者数）; *übersteigen* うわまわる（上回る）↔ *unterhalb ... bleiben* したまわる（下回る）

28 *Zahl + Länder ...* かこく（ヶ国）

BEMERKUNG

Wie man eine Visitenkarte überreicht bzw. entgegennimmt

Die Visitenkarte wird in Japan als Spiegel des Unternehmens und der Person gesehen. Visitenkarten sollten daher in einem Etui aufgehoben werden, und nicht im Geldbeutel oder in einem Fach des Taschenkalenders. Man überreicht nur saubere, fleckenfreie Karten.

Visitenkarten werden zu Beginn eines Treffens im Stehen ausgetauscht. Der rangniedrigste Besucher macht den Anfang. Man überreicht die Visitenkarte mit den Worten: „よろしくおねがいします [yoroshiku o-negai shimasu] *Bitte seien Sie mir gewogen*" oder „...と　もうします [... to môshimasu] *Ich heiße...*". Dabei wird die Visitenkarte einhändig, mit der rechten Hand, so überreicht, dass der Empfänger die Schrift lesen kann. Man nimmt die Visitenkarte mit beiden Händen entgegen, es sei denn, dass man die Karten gleichzeitig austauscht. In diesem Fall nimmt man sie mit der linken Hand entgegen, während man in der rechten die eigene Karte hält. Japaner sagen in dieser Situation oft: „ちょうだいします [chôdai shimasu]", die bescheidene Variante von もらう *bekommen*.

10 AM TELEFON

a: Herr Dupont von dem Unternehmen A
b: Herr Suzukis Assistentin, beide aus dem Unternehmen B, das bei A Kunde ist

1 **b**: Firma B, guten Morgen.

2 **a**: Hallo, guten Morgen. Hier spricht Dupont von der Firma A.

3 **a**Wir sind Ihnen immer zu Dank verpflichtet.

b: Ganz meinerseits/unsererseits.

4 **a**: [Ist Herr Suzuki da?/Könnten Sie mir Herrn Suzuki geben?]

5 **b**: Bitte warten Sie einen Augenblick.

---

6 Leider [ist er nicht da/ist er in einer Besprechung/telefoniert er gerade/hat er gerade einen Kunden].

7 Könnte ich seine Handynummer bekommen?

8 Ich möchte ihm eine Nachricht hinterlassen.

9 Könnten Sie [später/morgen] noch einmal anrufen?

10 Könnten Sie [Ihren Namen/die Telefonnummer] wiederholen?

11 Ich verbinde Sie mit dem Verantwortlichen.

12 Entschuldigen Sie, dass Sie so lange warten mussten.

13 Wer ist bitte am Apparat?

10 でんわ　にて

1 **b**: おはようございます。B　で　ございます。
Ohayô gozaimasu. B de gozaimasu.

2 **a**: もしもし、おはようございます。[こちら / わたくし]、A　の　Dupont です。
Moshimoshi, ohayô gozaimasu. [Kochira/Watakushi], A no Dupont desu.

3 **a**: いつも　おせわになっております。
Itsu mo o-sewa ni natte orimasu.

b: こちらこそ、おせわになっております。
Kochira koso, o-sewa ni natte orimasu.

4 **a**: [すずき　さん　は　いらっしゃいますか。/ すずき　さん　を　おねがいします。]
[Suzuki-san wa irasshaimasu ka./Suzuki-san o o-negai shimasu.]

5 **b**: しょうしょう　おまちください。
Shôshô o-machi kudasai.

---

6 あいにく　すずき　は　[がいしゅつしています / かいぎちゅう　です / でんわちゅう　です / らいきゃくちゅう　です]。
Ainiku Suzuki wa [gaishutsu shite imasu/kaigi-chû desu/denwa-chû desu/raikyaku-chû desu].

7 かれ　の　けいたいでんわ　の　ばんごう　を　おしえていただけますか。
Kare no keitai denwa no bangô o oshiete itadakemasu ka.

8 [メッセージ / でんごん]　を　のこしたいのですが。
[Messêji/Dengon] o nokoshitai no desu ga.

9 [のちほど / あす] もういちど おでんわくださいますか。
[Nochi hodo/Asu] mô ichido o-denwa kudasaimasu ka.

10 もういちど [おなまえ / でんわばんごう]　を　くりかえしていただけますか。
Mô ichido [o-namae/denwa bangô] o kurikaeshite itadakemasu ka.

11 たんとうしゃ　と　かわります。
Tantôsha to kawarimasu.

12 たいへん　おまたせいたしました。
Taihen o-matase itashimashita.

13 どちらさま　ですか。
Dochira-sama desu ka.

14 Ich rufe Sie wegen des Projekts X an.

15 Ich würde gerne einen Termin mit Herrn Tanaka ausmachen.

16 Würde Ihnen der kommende Mittwoch passen?

17 Sagen Sie mir doch, an welchen Tagen es bei Ihnen ginge.

18 Wir kommen am Dienstagvormittag vorbei.

19 Ich bin/Wir sind gerade in der Nähe Ihrer Firma.

20 Ich nenne Ihnen unsere nächstliegende Geschäftsstelle.

21 Vielen Dank, dass Sie sich für unseren Vertreter Zeit nehmen.

22 Hätten Sie einige Minuten Zeit?

23 Sie hatten wohl mit meinem Kollegen telefoniert.

24 Wir sind uns bei ... begegnet.

25 Ich erinnere mich gut daran.

26 Ich rufe Sie an, sobald die Antwort vorliegt.

27 Ich würde Sie gerne noch einmal anrufen.

28 Ich freue mich darauf, Sie zu treffen.

29 Auf Wiederhören.

14 Xプロジェクト　の　けん　で　おでんわした　のですが。
X purojekuto no ken de o-denwa shita no desu ga.
15 たなかさん　と　アポイント　を　とりたい　のですが。
Tanaka-san to apointo o toritai no desu ga.
16 つぎ　の　すいようび　は　ごつごう　よろしいでしょうか。
Tsugi no suiyôbi wa go-tsugô yoroshii deshô ka.
17 つごう　の　よい　にちじ　を　おっしゃってください。
Tsugô no yoi nichiji o osshatte kudasai.
18 かようび　の　ごぜんちゅう　に　うかがいます。
Kayôbi no gozen-chû ni ukagaimasu.
19 いま、おんしゃ　の　ちかく　に　いるのですが。
Ima, onsha no chikaku ni iru no desu ga.
20 いちばん　ちかい　えいぎょうしょ　を　おおしえします。
Ichiban chikai eigyôsho o o-oshie shimasu.
21 わたくしども の [だいひょう / えいぎょう] を　おむかえくださるよう、おねがいします。
Watakushi-domo no [daihyô/eigyô] o o-mukae kudasaru yô, o-negai shimasu.
22 なんぷんか　おじかん　いただけますか。
Nanpun ka o-jikan itadakemasu ka.
23 でんわにでたのは、おそらく　わたし　の　どうりょう　です。
Denwa ni deta no wa, osoraku watashi no dôryô desu.
24 …のとき　に　おあいしました。
... no toki ni o-ai shimashita.
25 よく　おぼえています。
Yoku oboete imasu.
26 かいとう　を　えしだい、でんわします。
Kaitô o eshidai, denwa shimasu.
27 もういちど　おでんわしたいのですが。
Mô ichido o-denwa shitai no desu ga.
28 おあいするの を　たのしみにしています。
O-ai suru no o tanoshimi ni shite imasu.
29 しつれいします。
Shitsurei shimasu.

2 Nach *Ich* わたし oder わたくし steht normalerweise die Partikel は [wa], die das Subjekt des Satzes markiert. In der gesprochenen Sprache wird は häufig ausgelassen.

4 いらっしゃる: Variante der Ehrerbietung von いる *da sein*. おねがいします Siehe S. 63 ← ねがう *bitten*

5 しょうしょう *ein wenig, einen Moment*; おまちください Siehe S. 57 ← まつ *warten*

6 *in einer Besprechung sein* かいぎちゅう（会議中）だ; *am Telefon sein* でんわちゅう（電話中）だ; *Kunden haben* らいきゃくちゅう（来客中）だ.

7 *Handy* けいたいでんわ（携帯電話）; *Nummer* ばんごう（番号）; おしえる（教える）*mitteilen* → おしえていただけますか Siehe S. 51.

8 *Nachricht* メッセージ、でんごん（伝言）; *hinterlassen* のこす（残す）

8, 14, 15, 19 & 27 Die Partikel が erlaubt es dem Sprecher, den Satz offen zu lassen, so dass der Hörer ihn für sich selbst vervollständigen kann. Auf diese Weise vermeidet es der Sprecher, dem Hörer seinen Willen aufzuzwingen.

9 *noch einmal anrufen* もういちど でんわ する（もう一度電話する）→ おでんわくださいますか Siehe S. 57; *später* のちほど; *morgen* あす（明日）

10 *wiederholen* くりかえす（繰り返す）→ くりかえしていただけますか Siehe S. 51

11 *Berater* heißt wortwörtlich übersetzt アドバイザー (adviser), aber man sagt eher たんとうしゃ（担当者）: *Verantwortlicher.*

12 まつ（待つ）*warten* → おまたせしました Siehe S. 63.

13 *Wer* どちらさま die höfliche Variante von だれ（誰）

14 *anrufen* でんわ（電話）する → おでんわした Siehe S. 63; *wegen* … の けん(件) で

15 *einen Termin vereinbaren* アポイント を とる

16 *es passt (zeitlich)* … の つごう（都合）がよい.
Höfliche Frage: ご都合よろしいでしょうか？

17 おっしゃってください ist die Aufforderungsform von おっしゃる: Variante der Ehrerbietung von いう *sagen*

18 *am Vormittag* ごぜんちゅう（午前中）に
↔ *am Nachmittag* ごご（午後）に

19 *in Ihrer Nähe* おんしゃ（御社）の ちかく（近く）

20 *sagen, zeigen, mitteilen* おしえる（教える）→ おおしえする Siehe S. 63

21 *Repräsentant* だいひょう（代表）; *geschäftlicher Vertreter* えいぎょう（営業）; *empfangen* むかえる（迎える）→ おむかえくださる Siehe S. 57.

22 いただく bescheidene Variante von もらう *bekommen*; じかん（時間）*Zeit*

23 *Kollege/Kollegin* どうりょう（同僚） → *Assistent* アシスタント、ぶか（部下） → *Vorgesetzter* じょうし（上司） → *Sekretärin* ひしょ（秘書）

24 *treffen, begegnen* あう（会う）→ お会いする. Siehe S. 63; *bei...*の　とき（時）に

26 *sobald...*しだい（次第）; *Antwort bekommen* かいとう　を　える（回答を得る）

28 *sich freuen, Sie zu treffen* おあいするのを　たのしみに　しています。 für die Zukunft ↔ für die Gegenwart おあいできて　うれしい　です。 Anstatt おあいするkann man auch おめにかかる verwenden, ein anderer bescheidener Ausdruck für das Verb あう *treffen*

29 *Auf Wiederhören, Auf Wiedersehen* しつれい（失礼）します bei geschäftlichen Beziehungen ↔ さようなら unter Freunden.

BEMERKUNGEN

- Was die tageszeitlichen Grußfloskeln betrifft, so werden sie am Nachmittag und Abend nicht benutzt. Wenn man jemanden vormittags vor 11 Uhr anruft, sagt man *Guten Morgen* おはようございます.
- おせわになっています [o-sewa ni natte imasu]: Ein häufig verwendeter japanischer Ausdruck, um ein geschäftliches Gespräch zu beginnen. Das Substantiv せわ, dem in dieser Konstruktion das Präfix お der Höflichkeit vorangeht, bedeutet *Hilfe* oder *Sorge*. Der Ausdruck bedeutet also *Wir schulden Ihrem Unternehmen viel, und danken Ihnen dafür*. Der Ausdruck wird normalerweise von der Person, die zuerst spricht, verwendet. Wenn Ihr Unternehmen Zulieferer ist, sollten Sie diese Floskel auf jeden Fall benutzen, und selbst wenn Ihre Firma Kunde ist, sollten Sie mit こちらこそ、おせわになっていますdarauf antworten. Mit dem betonenden Wort こそ bedeutet こちらこそ *eher von dieser Seite*, und der Satz kann übersetzt werden mit: *Es sind eher wir, die zu danken haben.*
  おります [orimasu], die bescheidene Variante von いる, macht den Ausdruck noch höflicher: おせわになっております.

11 PRODUKTION

1 Wir müssen einige Fabriken verlegen.

2 Die Einzelteile werden in Entwicklungsländern produziert.

3 Die Produktion wurde [automatisiert/computerisiert].

4 Wegen der Globalisierung müssen wir unseren Standort verlegen.

5 Sie haben ihre Produktion gedrosselt.

6 Wir nehmen die Dienste eines Zulieferers in Anspruch.

7 Das Produkt ist vor dem Verkaufsstart etliche Male überprüft worden.

8 Durch die Steigerung unserer Produktivität hat sich unsere Wettbewerbsfähigkeit erhöht.

9 Wir müssen diesen Teil der Produktion auslagern.

10 Ein guter Zulieferer hält die Qualität, die Kosten und die Lieferzeit ein.

11 Der Arbeitskräftemangel in den Fabriken ist eine Grundtendenz in den Industrieländern.

12 Wegen eines Streiks haben wir die Produktionsplanung angepasst.

13 Wir haben die Lizenz erworben und stellen nun die Parfums der Marke X her.

14 Auf diesem Gebiet verfügen wir über 50 Jahre Erfahrung.

11 せいぞう

1 いくつか　の　こうじょう　を　いてんしなければなりません。
Ikutsu ka no kôjô o iten shinakereba narimasen.

2 ぶひん　は　はってんとじょうこく　で　せいぞうされています。
Buhin wa hatten tojôkoku de seizô sarete imasu.

3 せいぞう　は　[オートメーションか / コンピュータか]　されました。
Seizô wa [ôtomêshon-ka/konpyûta-ka] saremashita.

4 グローバルか　の　ために　とうしゃ　は　いてんせざるをえません。
Gurôbaru-ka no tame ni tôsha wa iten sezaru o emasen.

5 かれら　は　せいぞう　の　スピード　を　おとしました。
Karera wa seizô no supîdo o otoshimashita.

6 したうけぎょうしゃ　に　うけおわせます。
Shita´uke gyôsha ni ukeowasemasu.

7 せいひん　は　はつばいまえ　に　なんども　けんさされています。
Seihin wa hatsubai mae ni nandomo kensa sarete imasu.

8 せいさんせい　の　こうじょう　により、わがしゃ　の　きょうそうりょく　は　たかまりました。
Seisansei no kôjô ni yori, wagasha no kyôsôryoku wa takamarimashita.

9 せいぞう　の　この　ぶぶん　を　がいぶいたくする　ひつようが　あります。
Seizô no kono bubun o gaibu itaku suru hitsuyô ga arimasu.

10 よい　のうにゅうぎょうしゃ　は　ひんしつ、コスト、のうき　を　じゅんしゅします。
Yoi nônyû gyôsha wa hinshitsu, kosuto, nôki o junshu shimasu.

11 こうじょう　での　じんいんぶそく　は　せんしんこく　における　しゅような　けいこう　です。
Kôjô deno jin'in busoku wa senshinkoku ni okeru shuyô na keikô desu.

12 ストライキ　の　ために、せいさんけいかく　を　さいちょうせいしました。
Sutoraiki no tame ni, seisan keikaku o saichûsei shimashita.

13 ライセンス　を　えて、とうしゃ　では　X　ブランド　の　こうすい　を　せいぞうしています。
Raisensu o ete, tôsha dewa x burando no
kôsui o seizô shite imasu.

14 この　ぶんや　では、わがしゃ　は　ごじゅうねん　の　ノウハウが　あります。
Kono bunya dewa, wagasha wa gojûnen no nôhau ga arimasu.

15 Wir bemühen uns, die Lieferzeit zu verkürzen.

16 Um gegen Länder mit billigen Arbeitskräften anzutreten, müssen wir neue Produktionssysteme, die Roboter und Technik einsetzen, errichten.

17 Wir kooperieren mit Universitäten und Forschungsinstituten, und ziehen so unser zukünftiges Personal heran.

18 Wir intensivieren unsere Forschung, um uns neue Tätigkeitsfelder zu eröffnen.

19 Unsere Investitionen in die Forschung und Entwicklung bringen uns ein hohes technisches Level und die Fähigkeit, neue Produkte zu entwickeln.

20 Durch den Einsatz von IT erkannten wir die gefragten Produkte und konnten die Lagerhaltung zurückfahren.

21 Da es sich um natürliche Rohstoffe handelt, ist die stabile Versorgung manchmal schwierig.

22 Diese neue Idee ist patentiert.

23 Wir haben das Zertifikat der internationalen Norm ISO, welche die Qualität garantiert, erworben.

24 Wir führen von der Planung über die Produktion bis zur Instandhaltung hin eine gründliche allgemeine Qualitätskontrolle durch.

11 せいぞう

15 リードタイム　の　たんしゅくか　を　じつげんすべく、どりょくしています。

Rîdotaimu no tanshuku-ka o jitsugen subeku, doryoku shite imasu.

16 ろうどうりょく　の　やすい　くに　に　たいこうする　には、ロボット　や　じどうき　を　りようする　あたらしい　せいさんシステム　を　こうちくしなければなりません。

Rôdôryoku no yasui kuni ni taikô suru niwa, robotto ya
jidôki o riyô suru atarashii seisan shisutemu o
kôchiku shinakereba narimasen.

17 とうしゃ　は　だいがく　や　けんきゅうじょ　と　ていけいし、しょうらい　の　じんいん　を　いくせいしています。

Tôsha wa daigaku ya kenkyûjo to teikei shi,
shôrai no jin´in o ikusei shite imasu.

18 とうしゃ　では　あたらしい　じぎょう　を　さがす　リサーチりょく　を　きょうかしています。

Tôsha dewa atarashii jigyô o sagasu risâchi-ryoku o kyôka shite imasu.

19 けんきゅうかいはつ　への　とうし　が　こうレベル　の　ぎじゅつ　と　かいはつりょく　を　もたらします。

Kenkyû kaihatsu e no tôshi ga kô reberu no
gijutsu to kaihatsu-ryoku o motarashimasu.

20 アイティー　を　つかい、とうしゃ　では　うれすじ　を　つかみ、ざいこ　を　へらしています。

Aitî o tsukai, tôsha dewa uresuji o tsukami, zaiko o herashite imasu.

21 しぜんゆらい　の　げんりょう　なので、あんてい　きょうきゅう　を　えるのは、ときに　むずかしい　です。

Shizen yurai no genryô nanode, antei kyôkyû
o eru nowa, toki ni muzukashii desu.

22 この　あたらしい　アイディア　は　とっきょとうろくされています。

Kono atarashii aidia wa tokkyo tôroku sarete imasu.

23 とうしゃ　は　ひんしつ　を　ほしょうする　こくさいきかく、イソ　の　にんしょう　を　しゅとくしています。

Tôsha wa hinshitsu o hoshô suru kokusai kikaku, iso no
ninshô o shutoku shite imasu.

24 とうしゃ　では　せっけい、せいぞう　から　メンテナンス　まで　げんみつな　そうごう　ひんしつかんり　を　おこなっています。

Tôsha dewa sekkei, seizô kara mentenansu made
genmitsu na sôgô hinshitsu kanri o okonatte imasu.

11 PRODUKTION
Anmerkungen

1 Das Wort せいさん（生産）bedeutet allgemein die Tätigkeit der *Produktion* oder *Herstellung*. Wenn es sich um die *industrielle Produktion eines Unternehmens* handelt, benutzt man oft せいぞう（製造）, aber in Wirklichkeit werden die Worte nicht streng unterschieden. → せいさんだか（生産高）*Produktionsmenge* oder *Leistung*; せいさんけいかく（生産計画）*Produktionsplanung*; せいさんきょてん（生産拠点）*Produktionsstandort*; せいさん（生産）システム *Produktionssystem*; せいぞう（製造）コスト *Produktionskosten*; せいひん（製品）*Produkt*; せいぞう（製造）する oder せいさん（生産）する *produzieren, herstellen*; *Produktionsstätte* こうじょう（工場）= *Fabrik*; *verlagern* いてん（移転）する

2 *(Einzel)Teil* ぶひん（部品）; *Entwicklungsland* はってんとじょうこく（発展途上国）

3 *automatisieren* オートメーションか（化）する; *computerisieren* コンピュータか（化）する; das Zeichen か（化）bedeutet Veränderung.

4 *Globalisierung* グローバルか（化）; *müssen, nicht umhinkönnen, zu ...*（せ）ざる を えない

6 *einen Zulieferer in Anspruch nehmen* したうけぎょうしゃ（下請け業者）[を　つかう / に　うけおわせる（請け負わせる）]

7 *prüfen* けんさ（検査）する、しけん（試験）する; *auf den Markt bringen* はつばい（発売）する → *Verkaufsstart* はつばい（発売）; ACHTUNG! Das Hilfsverb ています beschreibt den Nachzustand einer Handlung oder eines Ereignisses. Für vergangene Handlungen sagt man: „けんさされました".

8 *Steigerung der Produktivität* せいさんせい の こうじょう（生産性の向上）

9 *outsourcen* がいぶいたく（外部委託）する → *Outsourcing* がいぶいたく（外部委託）、アウトソーシング（outsourcing）; *outsourcendes Unternehmen* アウトソーシー（outsourcee）、じゅたくきぎょう（受託企業）→ *beauftragtes Unternehmen* アウトソーサー（outsourcer）、いたくきぎょう（委託企業）

10 *Zulieferer* のうにゅうぎょうしゃ（納入業者）、サプライヤー（supplier）; *Qualität* ひんしつ（品質）; *Kosten* コスト（cost）; *Lieferdatum* のうき（納期）、リードタイム（lead time）

11 *Arbeitskraft* ろうどうりょく（労働力）→ *Arbeitskräftemangel* じんいんぶそく（人員不足）; *Industrieland* せんしんこく（先進国）

12 *Streik* ストライキ; *wieder anpassen* さいちょうせい（再調整）する

13 *Lizenz* ライセンス; *Parfum* こうすい（香水）

14 *Erfahrung, Knowhow* ノウハウ（know-how）

11 せいぞう
Anmerkungen

16 *bauen, errichten* こうちく(構築)する; *automatisierte Maschine* じどうき(自動機)

17 *kooperieren* ていけい(提携)する、アライアンス を くむ → *Kooperationspartner* ていけいきぎょう(提携企業); *Forschungsinstitut* けんきゅうじょ(研究所); *heranziehen* いくせい(育成)する; *Personal* じんいん(人員)

18 *intensivieren, verstärken* きょうか(強化)する; *Forschungspotential* リサーチりょく(力)

19 *Investition* とうし(投資); *Forschung* けんきゅう(研究); *Entwicklung* かいはつ(開発)

20 *IT* アイティー(IT: information technology)、じょうほうぎじゅつ(情報技術); *Bestseller* うれすじ(売れ筋); *Lager* ざいこ(在庫)

21 *natürliche Rohstoffe* しぜんゆらい(自然由来)の げんりょう(原料)

22 *patentiert sein* とっきょとうろく(特許登録)されている → *Patent* とっきょ(特許)

23 *erhalten, erwerben* しゅとく(取得)する; *Zertifikat* にんしょう(認証); *Standard* きかく(規格); *ISO* (International Organization for Standardization) イソ、こくさいひょうじゅんかきこう(国際標準化機構); *garantieren* ほしょう(保証)する

24 *Qualitätskontrolle* ひんしつかんり(品質管理)、QC (Quality Control); *Planung* せっけい(設計); *Instandhaltung* メンテナンス(maintenance)

BEMERKUNGEN – einige besondere Ausdrücke I

- よろしくおねがいします [yoroshiku o-negai shimasu]
  Diese sehr formelle Phrase hat die Bedeutung *Ich wäre Ihnen sehr dankbar, wenn Sie mir einen Gefallen erweisen würden.* Wenn man den Namen einer dritten Person erwähnt, hat die Phrase die Bedeutung *Ich empfehle Ihnen jemanden.* Man verwendet die Phrase häufig am Ende einer Präsentation oder Selbstvorstellung, oft nach dem Wort どうぞ *bitte*.

- いらっしゃいませ [irasshaimase]
  Diese Grußformel wird von Händlern, Gastronomen, Hoteliers und Verkäufern jeder Branche verwendet, wenn sie ihre Kunden empfangen. Sie entspricht dem deutschen *Guten Tag*, aber der ausgedrückte Respekt gegenüber dem Kunden ist höher, denn いらっしゃる ist die Variante der Ehrerbietung von くる *kommen*, an die man ませ, die Befehlsform des Hilfsverbs der Höflichkeit ます, angehängt hat. Die Entsprechung für *„Auf Wiedersehen"* im geschäftlichen Bereich lautet ごらいてん(ご来店)ありがとうございました: *Vielen Dank für Ihren Besuch (im Geschäft).*

12 PREISE UND ZAHLUNGSBEDINGUNGEN

1 Unsere Preise sind sehr wettbewerbsfähig.

2 Unsere Preise sind Fabrikpreise.

3 Bei Großbestellungen gewähren wir einen Preisnachlass.

4 Ich wüsste gerne den Nettopreis.

5 Wir geben Ihnen 4 Prozent Preisnachlass auf ...

6 Das ist ein Gesamtpreis für Ware und Arbeitskosten.

7 Die neuen Preise gelten ab ...

8 [Bitte nennen Sie mir den Preis./Wie teuer ist es?]

Wie hoch ist der Zoll?

9 Welchen Kreditbedingungen würden Sie zustimmen?

10 Wir akzeptieren nur Barzahlung.

11 Sie bezahlen 25% bei der Bestellung und den Rest am Tag der [Lieferung/Übergabe].

12 Lösen Sie diesen Wechsel in drei Monaten ein.

13 Der Wechsel ist nächste Woche fällig.

14 Wir begleichen die Rechnung am Monatsende mit einem Wechsel.

15 Ihre Zahlung ist bei uns nach wie vor nicht eingegangen.

12 かかく — しはらいじょうけん

1 わがしゃ の かかく は きょうそうりょく が たかい です。
Wagasha no kakaku wa kyôsôryoku ga takai desu.

2 とうしゃ の かかく は こうじょうしゅっかかかく で ひょうじされ ています。
Tôsha no kakaku wa kôjô shukka kakaku de hyôji sarete imasu.

3 おおぐち ちゅうもん には ねびき を します。
Ôguchi chûmon niwa nebiki o shimasu.

4 せいか を しりたい のですが。
Seika o shiritai no desu ga.

5 … に ついて、よんパーセント の ねびきをしましょう。
... ni tsuite, yon-pâsento no nebiki o shimashô.

6 これ は しょうひんほんたい と さぎょうひ すべて こみ の ねだん です。
Kore wa shôhin hontai to sagyôhi subete komi no nedan desu.

7 しんかかく は … から じっしされる よてい です。
Shinkakaku wa ... kara jisshi sareru yotei desu.

8 [かかく を おしえてください / いくらですか]。
[Kakaku o oshiete kudasai/Ikura desu ka].
かんぜい は いくら ですか。
Kanzei wa ikura desu ka.

9 どのような うりかけさいけん の じょうけん に、どういしますか。
Dono yô na urikake saiken no jôken ni, dôi shimasu ka.

10 わがしゃ では げんきんけっさい でのみ、はんばいしています。
Wagasha dewa genkin kessai de nomi, hanbai shite imasu.

11 ちゅうもん じ に にじゅうごパーセント、ざんきん は [はいたつ / ひきわたし] じ に おしはらいください。
Chûmon ji ni nijûgo-pâsento, zankin wa [haitatsu/hikiwatashi] ji ni o-shiharai kudasai.

12 この てがた は さんかげつご に かんきんしてください。
Kono tegata wa sankagetsugo ni kankin shite kudasai.

13 てがた の しはらいきじつ が らいしゅう きます。
Tegata no shiharai kijitsu ga raishû kimasu.

14 とうしゃ は げつまつ に てがた により けっさいします。
Tôsha wa getsumatsu ni tegata ni yori kessai shimasu.

15 おんしゃ の しはらい は あいかわらず とうしゃ に とどいていません。
Onsha no shiharai wa aikawarazu tôsha ni todoite imasen.

16 Wir haben Ihnen heute das Geld telegrafisch überwiesen.

17 Unser Geschäft gibt keine Kredite.

18 Bitte machen Sie eine Anzahlung.

19 Bitte überweisen Sie die gesamte Summe auf unser Konto.

20 Wie viel kostet dieser Service?

21 Die Bezahlung erfolgt durch einen Eigenwechsel.

22 Wie groß ist die Preisspanne bei Ihren Produkten?

23 Sie bezahlen auf unserer vollkommen sicheren Homepage.

24 Wir hätten gerne Muster und einen Kostenvoranschlag für Ihre Standardprodukte.

25 Zahlen Sie bar oder mit Karte?

26 Wir erwarten Ihre umgehende Bezahlung.

27 Wir haben Ihre Rechnung ... beglichen.

28 Am Ende der Rechnung steht unsere Kontonummer.

29 Um die Bezahlung mit Bankwechsel wird gebeten.

30 Unsere Preise haben sich seit ... nicht geändert.

12 かかく　ー　しはらいじょうけん

16 ほんじつ　でんしんかわせ　で　おんしゃ　に　そうきんしました。
Honjitsu denshin kawase de onsha ni sôkin shimashita.

17 とうてん　では　かけうり　は　しません。
Tôten dewa kake´uri wa shimasen.

18 よやくきん　を　おしはらいください。
Yoyakukin o o-shiharai kudasai.

19 とうしゃ　の　こうざ　に　そうがく　を　おしはらいください。
Tôsha no kôza ni sôgaku o o-shiharai kudasai.

20 この　サービス　は　いくら　ですか。
Kono sâbisu wa ikura desu ka.

21 しはらい　は　やくそくてがた　に　よって　おこなわれます。
Shiharai wa yakusoku tegata ni yotte okonawaremasu.

22 おんしゃ　の　しょうひん　の　かかくたい　は　どれくらい　ですか。
Onsha no shôhin no kakakutai wa dore kurai desu ka.

23 かんぜんに　セキュリティ　かんり　されている　とうしゃ　の　サイト　にて、おしはらいいただけます。
Kanzen ni sekyuriti kanri sarete iru tôsha no saito nite, o-shiharai itadakemasu.

24 おんしゃ　の　ていばんしょうひん　の　サンプル　と　みつもり　を　いただきたいのですが。
Onsha no teiban shôhin no sanpuru to mitsumori o itadakitai no desu ga.

25 げんきん　と　クレジットカード　の　どちら　で　しはらいますか。
Genkin to kurejitto kâdo no dochira de shiharaimasu ka.

26 きしゃ　の　じんそくな　おしはらい　を　おまちしております。
Kisha no jinsoku na o-shiharai o o-machi shite orimasu.

27 きしゃ　の　…　の　せいきゅうしょ　に　たいする　しはらい　を　おこないました。
Kisha no ... no seikyûsho ni tai suru shiharai o okonaimashaita.

28 せいきゅうしょ　の　さいご　に　とうしゃ　の　こうざばんごう　が　きさいされています。
Seikyûsho no saigo ni tôsha no kôza bangô ga kisai sarete imasu.

29 ぎんこうてがた　で　おしはらいくださるよう、おねがいします。
Ginkô tegate de o-shiharai kudasaru yô, o-negai shimasu.

30 とうしゃ　の　かかく　は　…　いらい、かわっていません。
Tôsha no kakaku wa ... irai, kawatte imasen.

12 PREISE UND ZAHLUNGSBEDINGUNGEN
Anmerkungen

1 *wettbewerbsfähig sein* きょうそうりょく(競争力)の　ある

2 *Fabrikpreis* こうじょうしゅっかかかく(工場出荷価格)

3 *Preisnachlass*　ねびき(値引き); *Großbestellung*　おおぐちちゅうもん(大口注文)

4 *Nettopreis* せいか(正価) → *Preis vor Steuern* ぜいびきかかく(税引価格)、ぜいぬきかかく(税抜価格)

4 & 24 Die Partikel が, welche den Satz unvollendet lässt, erlaubt es dem Hörer, den Satz selbst zu vervollständigen. Auf diese Weise kann der Sprecher eine natürliche Konversation mit seinem Gesprächspartner führen, ohne letzterem seinen eigenen Willen aufzuzwängen.

6 *Arbeitskosten* ① さぎょうひ(作業費) = *Arbeit zur Realisierung eines Produkts oder einer Dienstleistung,*
② ろうどうりょく(労働力) = *Arbeitskräfte*

7 *neue Preise* ① しんかかく(新価格) oder ② しんりょうきん(新料金) für Gebühren bei Dienstleistungen; *in Kraft treten, gelten* じっし(実施)される

8 Das Wort かかく(価格) *Preis* ist viel formeller als　ねだん(値段); *Zoll* かんぜい(関税)

9 *Kreditbedingungen* うりかけさいけん(売掛債権)の　じょうけん(条件) → *Geschäftsbedingungen* とりひきじょうけん(取引条件)

10 *bar* げんきんけっさい(現金決済)で、そっきん(即金)で

11 *Bestellung* ちゅうもん(注文)、オーダー(order); *Restbetrag* ざんきん(残金); *Lieferung* はいたつ(配達)、ひきわたし(引渡し); *bezahlen* しはらう → おしはらいください Siehe S. 57.

12 *einen Wechsel einlösen* てがた(手形)を　かんきん(換金)する → *Bezogener, Trassat* うけとりにん(受取人) ↔ *Aussteller* ふりだしにん(振出人) → *mit einem Wechsel bezahlen* てがた(手形)を　ふりだす(振り出す); *Fälligkeitstag* しはらいきじつ(支払期日)

14 *Bezahlung* けっさい(決済)、しはらい(支払い) → *bezahlen* はらう(払う)、しはらう(支払う)

16 *Geld überweisen* そうきん(送金)する; *telegrafische Überweisung* でんしんかわせ(電信為替)

17 とうてん(当店) *unser Geschäft; einen Kredit geben* かけうり(掛売り)をする

18 *Anzahlung* よやくきん(予約金)、てつけきん(手付金)

19 *Summe* そうがく(総額) → *Geldsumme* きんがく(金額); *Konto* こうざ(口座)

21 *Eigenwechsel* やくそくてがた(約束手形)

22 *Preisniveau* かかくたい(価格帯)

23 しはらう → おしはらいいただく Siehe S. 51.

24 *Muster* サンプル、みほん（見本）; *Kostenvoranschlag* みつもり（見積もり）; *Standardprodukt, Dauerbrenner* ていばんしょうひん（定番商品）↔ はいばんひん（廃盤品）*Produkte, deren Produktion eingestellt wurde*

25 *in bar* げんきん（現金）で

26 Das Präfix der Höflichkeit お + しはらい（支払い）*Bezahlung;* おまちする Siehe S. 63. ← まつ（待つ）*(er)warten*

27 *Rechnung* せいきゅうしょ（請求書）→ Das Wort でんぴょう（伝票）umfasst allgemein alle Geschäftspapiere wie *Bestellschein*, *Rechnung*, *Quittung*, *Lieferschein* etc.

29 *Ich bitte Sie, zu ... +* Infinitiv ... くださるよう、おねがいします。Siehe S. 57 und S. 63.

Einige besondere Ausdrücke II

- おつかれさま [o-tsukare sama]
- おさきに　しつれいします [o-saki ni shitsurei shimasu]

Wenn Japaner am Abend das Büro verlassen, tauschen Sie anstelle von *Tschüss/Auf Wiedersehen* oder *Einen schönen Abend noch* diese Floskeln aus. Mit dem Wort つかれ *Müdigkeit* wird der Ausdruck おつかれさま（お疲れ様）vom Sprecher verwendet, um den anderen gegenüber seine Anerkennung für ihre Anstrengungen auszudrücken. Wenn man noch höflicher sein will, kann man でした hinten anfügen, die Vergangenheitsform von です: おつかれさまでした.

Wenn man das Büro vor den anderen verlässt, sagt man おさきに　しつれいします（お先に　失礼します）zu denen, die noch dableiben. さき von おさきに bedeutet *zuerst* oder *vor Ihnen* und wird zusammen mit しつれいします, was *Ich verlasse Sie* bedeutet, anstelle des deutschen *Auf Wiedersehen* verwendet. Vorgesetzte lassen den Teil しつれいします oft aus, wenn sie sich von ihren Mitarbeitern verabschieden.

Beispiele:

AUSDRUCK	VERWENDUNGSFALL
おつかれさま	Vorgesetzter → Mitarbeiter oder unter Kollegen
おつかれさまでした	die Mitarbeiter → Vorgesetzter
おさきに	Vorgesetzter → Mitarbeiter oder unter Kollegen
おさきにしつれいします	Mitarbeiter → Vorgesetzter

13 LIEFERUNG

1 Die Lieferung erfolgt am ...

2 Wegen ... ist die Lieferung [in Verzug/verschoben/vorgezogen].

3 Wir können nicht [vor dem ... /bis zum ...] liefern.

4 Ausnahmsweise werden wir dieses Mal die Transportkosten übernehmen.

5 Wünschen Sie eine Lieferung nach Hause?

6 Die Fracht hat [die Fabrik/das Lager] letzten Dienstag verlassen.

7 Es müsste schon längst bei Ihnen eingetroffen sein.

8 Leider können wir nur einen Teil der Bestellung [liefern/zustellen].

9 Sie hätten darauf [bei der Lieferung/beim Auspacken/bei der Annahme] hinweisen müssen.

10 Die Lieferung erfolgt in mehreren Einzellieferungen über 2 Jahre hinweg.

11 Ich verspreche Ihnen, dass wir das innerhalb von 2 Wochen ausliefern.

12 Bevor die Lieferung unser [Atelier/Studio] verlässt, wird sie überprüft.

13 Das ist ein Fehler beim Versand.

14 Schicken Sie es auf unsere Kosten zurück.

15 Die Adresse stimmte nicht.

13 はいたつ

1 はいたつ　は　…　の　よてい　です。
Haitatsu wa ... no yotei desu.

2 はいたつ　は　…　の　ために　[おくれました　/　ずれました　/　…に　はやまりました]。
Haitatsu wa ... no tame ni [okuremashita/zuremashita/... ni hayamarimashita].

3 …　[まえに　/　までに]　はいたつする　ことは　できません。
... [mae ni/made ni] haitatsu suru koto wa dekimasen.

4 こんかい　とくべつに　わがしゃ　が　そうりょう　を　ふたんしましょう。
Konkai tokubetsu ni wagasha ga sôryô o futan shimashô.

5 じたくはいそう　を　ごきぼうですか。
Jitaku haisô o go-kibô desu ka.

6 かもつ　は　せんしゅう　の　かようび　に　[こうじょう　/　そうこ]　から　はっそうされました。
Kamotsu wa senshû no kayôbi ni [kôjô/sôko] kara hassô saremashita.

7 おんしゃ　は　すでに　それ　を　うけとった　はずですが。
Onsha wa sude ni sore o uketotta hazu desu ga.

8 あいにく　ちゅうもん　の　いちぶ　しか　[のうひん　/　はいたつ]　できません。
Ainiku chûmon no ichibu shika [nôhin/haitatsu] dekimasen.

9 [はいたつ　/　かいほう　/　じゅりょう]　じ　に　ごしてき
いただかなければ　ならなかったのですが。
[Haitatsu/Kaihô/Juryô] ji ni go-shiteki
itadakanakereba naranakatta no desu ga.

10 [はいたつ　/　はっそう]　は　にねん　に　わたり、すうかい　に　わけて　おこないます。
[Haitatsu/Hassô] wa ninen ni watari, sûkai ni wakete okonaimasu.

11 にしゅうかん　いない　に　それ　を　はいたつする　こと　を　やくそくします。
Nishûkan inai ni sore o haitatsu suru koto o yakusoku shimasu.

12 にもつ　は　[アトリエ　/　こうぼう]　を　でるまえ　に、
けんさされています。
Nimotsu wa [atorie/kôbô] o deru mae ni, kensa sarete imasu.

13 はいそう　の　[ミス　/　あやまり]　です。
Haisô no [misu/ayamari] desu.

14 ひようとうしゃふたん　で、それ　を　ごへんそうください。
Hiyô tôsha futan de, sore o go-hensô kudasai.

15 じゅうしょ　が　まちがっていました。
Jûsho ga machigatte imashita.

16 Als unser Auslieferer zu Ihnen kam, war niemand da.

17 Dieses Gerät ist zurück ins Lager gekommen.

18 Das hätte in der Tat letzte Woche ausgeliefert werden sollen.

19 Ich gehe der Sache nach, und setze mich wieder mit Ihnen in Verbindung.

20 Ich erkundige mich, ob man die Lieferung beschleunigen kann.

21 Sobald [die Waren/die Teile] bei uns eingetroffen sind, werden sie Ihnen am darauffolgenden Tag per LKW geliefert.

22 Die fehlenden Artikel werden Ihnen Anfang nächster Woche geliefert.

23 Wir können wirklich nicht schneller.

24 Die Lieferzeit beträgt ca. 3 Wochen.

25 Die Ladung wird direkt vor Ort abgeladen.

26 Diese Waren wurden beim Transport beschädigt.

27 Die Fracht wird [auf dem Landweg/mit der Bahn/per Luftfracht/mit dem Schiff] versandt.

28 Vor dem Wochenende können wir es nicht versenden.

13 はいたつ

16 へいしゃ の はいたつにん が うかがったとき、だれも いませんでした。
Heisha no haitatsunin ga ukagatta toki, dare mo imasen deshita.

17 その きかい は そうこ へ もどってきました。
Sono kikai wa sôko e modotte kimashita.

18 たしかに それ は せんしゅう はいたつされなければ ならなかったものです。
Tashika ni sore wa senshû haitatsu sarenakereba naranakatta mono desu.

19 おしらべし、ごれんらくします。
O-shirabe shi, go-renraku shimasu.

20 はいたつ を はやめられるか、おしらべしましょう。
Haitatsu o hayamerareru ka, o-shirabe shimashô.

21 [しなもの / ぶひん] が とうしゃ へ とうちゃくしだい、 よくじつ トラック で おんしゃ へ はいそうします。
[Shinamono/Buhin] ga tôsha e tôchaku shidai, yokujitsu torakku de onsha e haisô shimasu.

22 けっぴん は らいしゅう そうそうに おとどけします。
Keppin wa raishû sôsô ni o-todoke shimasu.

23 もっと はやくすること は げんじつてきに できません。
Motto hayaku suru koto wa genjitsuteki ni dekimasen.

24 のうき は やく さんしゅうかん です。
Nôki wa yaku sanshûkan desu.

25 つみに は げんば で じかに おろされます。
Tsumini wa genba de jika ni orosaremasu.

26 これら の しょうひん は ゆそうちゅう に はそんしました。
Korera no shôhin wa yusô-chû ni hason shimashita.

27 かもつ は [りくろ で / てつどう で / こうくうびん で / ふなびん で] はっそうされる よてい です。
Kamotsu wa [rikuro de/tetsudô de/kôkûbin de/funabin de] hasso sareru yotei desu.

28 しゅうまつ までに はっそうすること は できません。
Shûmatsu made ni hassô suru koto wa dekimasen.

13 LIEFERUNG
Anmerkungen

1 *Lieferung* ① はいたつ（配達）oder はいそう（配送）= *Auslieferung* und *Transport*, ② ひきわたし（引渡し）= *Auslieferung*, vor allem für Im- und Exporte verwendet.

4 *übernehmen* ふたん（負担）する; *Transportkosten* ① そうりょう（送料）、うんそうひよう（運送費用）、② うんちん（運賃）= wenn es sich um Transporte des Im- und Exports handelt oder um den Transport von Reisenden

5 *Lieferung nach Hause* じたくはいそう（自宅配送）; ごきぼうですか Siehe gegenüberliegende Seite.

6 *Fracht* ① かもつ（貨物）、にもつ（荷物）= *Güter*, ② はっそう（発送）= *abschicken*; *Lager* そうこ（倉庫）

7 & 9 Die Partikel が schwächt den Satz ab. Wenn sich irgendwelche Probleme auftun und die Verantwortung zwischen zwei Unternehmen oder Parteien nicht geklärt ist, sollte man besser die Partikel が verwenden, um sich dem Hörer nicht aufzudrängen, aber, Vorsicht! diese Partikel kann nicht wiederholt werden.

7 & 21 Wenn „*Sie*" auf einen speziellen Kunden verweist, dann verwendet man „おきゃくさま" anstelle von „おんしゃ".

8 *liefern* のうひん（納品）する

9 *anmerken, mitteilen* してき（指摘）する → ごしてきいただく Siehe S. 51; *Entpacken* かいほう（解包）、にほどき（荷解き）↔ *Einpacken* ① こんぽう（梱包）für Fracht, ② ほうそう (包装) für Geschenke; *Empfang* じゅりょう（受領）

11 *innerhalb von 2 Wochen* にしゅうかんいない（二週間以内）

12 *Paket* にもつ（荷物）、こづつみ（小包）; *kontrollieren* けんさ（検査）する; *Atelier* アトリエ、こうぼう（工房）;... ています Siehe S. 15. Wenn es sich um eine Handlung der Vergangenheit handelt, sagt man „けんさされました".

14 *zurücksenden* へんそう（返送）する → ごへんそうください Siehe S. 57; *auf unsere Kosten* ひようとうしゃふたん（費用当社負担）で

16 *Auslieferer* はいたつにん（配達人）

19 れんらく（連絡）する *kontaktieren* → ごれんらくします Siehe S. 63.

20 しらべる *nachforschen* → おしらべしましょう Siehe S. 63.

21 *Artikel* ① しなもの（品物）= *Waren*, ② ぶひん（部品）= *Einzelteile; LKW* トラック (truck)

22 *fehlender Artikel* けっぴん（欠品）、ふそくひん（不足品）; おとどけします Siehe S. 63. ← とどける（届ける）*liefern*

25 *Ware, Fracht* ① かもつ（貨物）、つみに（積荷）= Fachausdruck im Transport ② しょうひん（商品）= Fachausdruck im Handel; *abladen* おろす; *vor Ort* げんば（現場）で

26 *Artikel* しょうひん（商品）; *beim Transport* ゆそうちゅう（輸送中）
27 *auf dem Landweg* りくろ（陸路）で; *mit der Bahn* てつどう（鉄道）で; *per Luftfracht* こうくうびん（航空便）で; *mit dem Schiff* ふなびん（船便）で

ANALYSE DER HÖFLICHKEITSSPRACHE – V

5 ごきぼうですか（ご / お… です）
Der höfliche Ausdruck „ご（お）… です" wird häufig in Fragen verwendet und beschreibt eine Handlung im Verlauf (Bsp. ①) oder den Nachzustand einer Handlung (Bsp. ②). Im Satz wird der Ausdruck wie folgt einbebaut.

ご（お）	+	Verbalausdrücke, endend auf する, するwird weggelassen	+	です
お	+	alle anderen Verben außer する, so abgeändert, dass ます angehängt werden kann		

Beispiel: ① きぼうする *wünschen*（きぼうする）→ ご希望(きぼう)です
① いそぐ *sich beeilen*（いそぎます）→ お急(いそ)ぎです
② もつ *haben*（もちます）→ お持(も)ちです

BEMERKUNG

Wenn ein Fehler auftritt, muss man sich in der japanischen Gesellschaft, in der die Kunden sehr anspruchsvoll sind und wie Könige behandelt werden, als Verantwortlicher zuallererst beim Kunden entschuldigen, auch wenn die Ursache bei einem Zulieferer liegt. Ein häufig verwendeter Ausdruck ist: ごめいわく を おかけして、もうしわけありません [go-meiwaku o o-kake shite môshi wake arimasen] *Es tut uns leid, Ihnen so viele Unannehmlichkeiten zu bereiten.* Durch das Präfix der Höflichkeit „ご" und „お" vor めいわく（迷惑）を かける *Unannehmlichkeiten bereiten* kann man sein aufrichtiges Bedauern ausdrücken. Auch wenn die Verantwortung eindeutig außerhalb Ihres Unternehmens liegt, kommen Entschuldigungen wie *„Wir sind für die Verspätung nicht verantwortlich"* oder *„Die Verspätung liegt nicht in unserem Einflussbereich"* schlecht an oder werden als oberflächlich abgetan.

14 REKLAMATIONEN, STREITIGKEITEN

1 Wir übernehmen selbstverständlich die Kosten für die Reparatur.

2 Das war nicht unsere Firma, die dieses Gerät verkauft hat.

3 Leider können wir diesen Artikel nicht reparieren.

4 Die Garantie für diesen Artikel ist schon abgelaufen.

5 Dies ist ein altes Model, wir produzieren es schon seit einigen Jahren nicht mehr.

6 Das Gerät wurde nicht sachgemäß bedient.

7 Der Defekt rührt von einer falschen Bedienung her.

8 Wir [tauschen es um/geben Ihnen das Geld zurück].

9 Da etliche Defekte gemeldet wurden, rufen wir dieses Modell zurück.

10 Wo haben Sie das gekauft?

11 Wie lange ist es her, dass Sie diese Ware gekauft haben?

12 Wir tauschen es gegen einen ähnlichen Artikel aus.

13 Haben Sie den Garantieschein bei sich?

14 Dieser Mechanismus wurde offensichtlich überbeansprucht.

15 Für diese Art von [Defekt/Problemen] übernehmen wir keine Verantwortung.

14 クレーム、ふんそう

1 わがしゃ にて ぜひ しゅうりひ を ふたんさせていただきます。
Wagasha nite zehi shûrihi o futan sasete itadakimasu.

2 この きかい を はんばいしたのは、わがしゃ では ありません。
Kono kikai o hanbai shita nowa, wagasha dewa arimasen.

3 この しょうひん は あいにく しゅうりできません。
Kono shôhin wa ainiku shûri dekimasen.

4 この しょうひん は すでに ほしょうきかん を すぎています。
Kono shôhin wa sude ni hoshô kikan o sugite imasu.

5 これ は ふるい モデル で、わがしゃ では もう ながねん せいぞうしていません。
Kore wa furui moderu de, wagasha dewa mô naganen seizô shite imasen.

6 この きかい は きかくどおりに つかわれていませんでした。
Kono kikai wa kikaku dôri ni tsukawarete imasen deshita.

7 この こしょう は あやまった とりあつかい に よるもの です。
Kono koshô wa ayamatta toriatsukai ni yoru mono desu.

8 [おとりかえ / ごへんきん] いたします。
[O-torikae/Go-henkin] itashimasu.

9 たすう の こしょう が ほうこくされたため、とうしゃ は この モデル を リコールします。
Tasû no koshô ga hôkoku sareta tame, tôsha wa kono moderu o rikôru shimasu.

10 おきゃくさま は それ を どちらで こうにゅうしましたか。
O-kyaku-sama wa sore o dochira de kônyû shimashita ka.

11 おきゃくさま が この しょうひん を こうにゅうしてから、どのくらい たちますか。
O-kyaku-sama ga kono shôhin o kônyû shite kara, dono kurai tachimasu ka.

12 るいじする しょうひん と こうかんいたします。
Ruiji suru shôhin to kôkan itashimasu.

13 ほしょうしょ を おもちですか。
Hoshôsho o o-mochi desu ka.

14 この メカニズム は あきらかに こくしされています。
Kono mekanizumu wa akiraka ni kokushi sarete imasu.

15 とうしゃ は このしゅ の [こしょう / トラブル] の せきにん は おいません。
Tôsha wa kono shu no [koshô/toraberu] no sekinin wa oimasen.

16 Wir wollen Ihnen in der Angelegenheit gerne entgegenkommen.

17 Das [geschieht/machen wir] nur, weil Sie ein treuer Kunde sind.

18 Das Gerät ist vollkommen in Ordnung.

19 Wir sind darum bemüht, Ihrer Reklamation Abhilfe zu schaffen.

20 Die Ware entspricht [der Bestellung/dem Bestellschein].

21 Ihnen wird durch unsere Versicherung die gesamte Summe zurückerstattet.

22 Daran ist das fragliche Transportunternehmen schuld.

23 Es wurde bestimmt auf dem Transport beschädigt.

24 Das wurde nicht von uns installiert.

25 Wir schicken Ihnen [einen Spezialisten/den Verantwortlichen für Reparaturen] vorbei.

26 Die Versicherung untersucht Ihre Unterlagen.

27 Wir können Ihrer Beschwerde nicht nachkommen.

28 Wir möchten diese Streitigkeiten [zu aller Zufriedenheit/im Guten] lösen.

14 クレーム、ふんそう

16 とうしゃ　は　ゆうこうてきに　どりょくしたい　と　かんがえています。
Tôsha wa yûkôteki ni doryoku shitai to kangaete imasu.

17 それ　は、おきゃくさま　が　とうしゃ　の　ちゅうじつな
こきゃく　に　ほかならない　からです。
Sore wa o-kyaku-sama ga tôsha no chûjitsu na
kokyaku ni hoka naranai kara desu.

18 この　きかい　は　まったく　せいじょう　です。
Kono kikai wa mattaku seijô desu.

19 とうしゃ　は　おきゃくさま　の　クレーム　を　かいけつする　しょぞんです。
Tôsha wa o-kyaku-sama no kurêmu o kaiketsu suru shozon desu.

20 しょうひん　は　[ちゅうもん / ちゅうもんひょう]　どおり　の　もの　です。
Shôhin wa [chûmon/chûmon-hyô] dôri no mono desu.

21 へいしゃ　の　ほけん　によって、ぜんがく　はらいもどされます。
Heisha no hoken ni yotte, zengaku haraimodosaremasu.

22 それ　は　もんだいになっている　うんそうぎょうしゃ　の
せきにん　です。
Sore wa mondai ni natte iru unsô gyôsha no sekinin desu.

23 うんそうちゅう　に　はそんした　に　ちがいありません。
Unsô-chû ni hason shita ni chigai arimasen.

24 この　とりつけ　は　とうしゃ　によって　おこなわれたものではありません。
Kono toritsuke wa tôsha ni yotte okonawareta mono dewa arimasen.

25 [せんもんか / しゅうりたんとうしゃ]　を　おおくりします。
[Senmonka/Shûri tantôsha] o o-okuri shimasu.

26 ほけんがいしゃ　が　おきゃくさま　の　しょるい　を　おしらべしています。
Hoken gaisha ga o-kyaku-sama no shorui o o-shirabe shite imasu.

27 とうしゃ　は　おきゃくさま　の　クレーム　に　おこたえすることができません。
Tôsha wa o-kyaku-sama no kurêmu ni o-kotae suru koto ga dekimasen.

28 とうしゃ　は　この　ふんそう　を　[そうほうえんまん　に / じだんで]　かいけつする　ことを　つよく　のぞんでいます。
Tôsha wa kono funsô o [sôhô enman ni/jidan
de] kaiketsu suru koto o tsuyoku nozonde imasu.

14 REKLAMATIONEN, STREITIGKEITEN
Anmerkungen

1 *gerne ... wollen* ぜひ… したい. Wenn es sich um einen Vorschlag gegenüber einem Kunden handelt (Sätze 1, 8 & 12), verwendet man einen bescheidenen Ausdruck wie ① … させていただきます siehe gegenüberliegende Seite oder ② … いたします, die bescheidene Variante von する; *die Reparaturkosten übernehmen* しゅうりひ（修理費）を ふたん（負担）する

3 *reparierbar* しゅうりかのう（修理可能）な

4 *Artikel, Ware* しょうひん（商品）;
die Garantie ist abgelaufen ほしょうきかん（保証期間）を すぎる

6 *Norm* きかく（規格）

7 *Defekt* こしょう（故障）; *Fehler* あやまり（誤り）;
Bedienung とりあつかい（取り扱い）、そうさ（操作）

8 *ersetzen* とりかえる（取り替える）→ *Ersatz* だいたいひん（代替品）;
Geld zurückerstatten へんきん（返金）する、はらいもどす（払い戻す）;
Siehe S. 63 betr. おとりかえする und ごへんきんする.

9 *zurückrufen* リコールする、じしゅかいしゅう（自主回収）する

10 *wo* どちらで höflicherer Ausdruck von どこで; *kaufen* こうにゅう（購入）する、かう（買う）

12 *umtauschen* こうかん（交換）する

13 *Garantieschein* ほしょうしょ（保証書）; もつ *haben* → おもちですか
Siehe S. 99.

14 **…** ています drückt den Nachzustand eines Ereignisses aus. Um einfach einen Vorgang in der Vergangenheit zu beschreiben, sagt man stattdessen … ました. Siehe S. 15.

15 *Störung* トラブル (trouble)、こしょう（故障）= *technische Störung, Defekt*

16 *freundschaftlich* ゆうこうてき（友好的）に

18 *in Ordnung, funktionstüchtig* せいじょう（正常）な、せいじょうなじょうたい（状態）にある

19 *einer Reklamation Abhilfe schaffen* クレーム を かいけつ（解決）する;
Reklamation クレーム bedeutet nicht nur *Beschwerde*: くじょう（苦情）sondern auch ようしょう（要償）: *Schadensersatzforderung*, der Ausdruck wird vor allem bei gewerblichen Kunden verwendet. Je nach Kontext muss man die Bedeutungsunterscheidung erkennen. Wenn „Sie" eine Firma bezeichnet, sagt man „おんしゃ" anstatt „おきゃくさま".

20 *entsprechend...* とおり; *Bestellung* ちゅうもん（注文）→ *Bestellschein* ちゅうもんひょう（注文表）、はっちゅうひょう（発注表）

21 *alles* ぜんぶ（全部）. Bei Geldsummen sagt man ぜんがく（全額）;
Versicherung ほけん（保険）

22 *Verantwortung* せきにん（責任）; *Transportunternehmen* うんそうぎょうしゃ（運送業者）
23 *auf dem Transport* うんそうちゅう（運送中）、ゆそうちゅう（輸送中）
24 *Installation* とりつけ（取付け）
25 *Spezialist* せんもんか（専門家）; *Verantwortlicher für Reparaturen* しゅうりたんとうしゃ（修理担当者）
26 *untersuchen* しらべる → おしらべする Siehe S. 63.
27 *einer Reklamation nachkommen* クレーム　に　こたえる（応える）→ おこたえする Siehe S. 63.
28 *Streitigkeiten* ① ふんそう（紛争）= *Beanstandung,* ② けいそう（係争）= *Streitigkeit, die zum Prozess führt*; *zu aller Zufriedenheit* そうほうえんまん（双方円満）に; *zur Zufriedenheit* えんまん（円満）に、じだん（示談）で

ANALYSE DER HÖFLICHKEITSSPRACHE – V

1, 8 & 12... （さ）せていただく

Wie bei der Analyse I besprochen, ist いただく die bescheidene Variante von もらう *bekommen*. Wenn いただくnach einem anderen, kausativierten Verb: ... （さ）せる + die Partikel て steht, bedeutet der gesamte Ausdruck ... （さ）せていただく, dass der Sprecher ... *darf* oder *dass er sich mit der Erlaubnis seines Gesprächspartners darum kümmert, dass ....*

BEISPIELE		„KAUSATIV"		
ふたんする *übernehmen*	→	ふたんさせる	→	負担させていただく
とりかえる *ersetzen*	→	とりかえさせる	→	取り替えさせていただく
へんきんする *Geld zurückerstatten*	→	へんきんさせる	→	返金させていただく
こうかんする *austauschen*	→	こうかんさせる	→	交換させていただく

Um die Höflichkeit zu vervollkommnen, endet dieser Ausdruck normalerweise auf ます, der Endung der Höflichkeit, wie ふたんさせていただきます.

15 VORSTELLUNGSRUNDEN

1 Wir kennen uns alle nicht, nicht wahr?

2 Lassen Sie uns eine Selbstvorstellungsrunde machen.

3 Ich [bin/heiße] ...

4 Ich bin als ... tätig.

5 Ich arbeite in der ...[-Gruppe/-Abteilung].

6 Ich arbeite [seit 2 Jahren/seit 2002] in der Buchhaltung.

7 Ich habe früher schon einmal mit ... zusammen gearbeitet.

8 Ich wurde kürzlich zum/zur ... ernannt.

9 Ich habe letzten Monat den Bereich gewechselt.

10 Ich habe bei/in ... gelernt.

11 Ich bin ihr/sein [Nachfolger/Stellvertreter].

12 Ich habe die Nachfolge von ... übernommen.

13 Ich leite die Abteilung ...

14 Ich komme von der ... Bank.

15 じゅんばんに　はつげんする

1 われわれ　ぜんいん、しりあい　では　ないですね。
Wareware zenin, shiriai dewa nai desu ne.

2 めいめい　じゅんばんに　じこしょうかいしましょう。
Meimei junban ni jiko shôkai shimashô.

3 …　[です / と　もうします]。
... [desu/to môshimasu].

4 [わたし / わたくし] は　…　を　しています。
[Watashi/Watakushi] wa ... o shite imasu.

5 わたし　は　…　[か / ぶもん] で　はたらいています。
Watashi wa ... [ka/bumon] de hataraite imasu.

6 わたし　は [にねんらい / にせんにねん　から] けいり　で　しごとしています。
Watashi wa [ninenrai/nisen ninen kara] keiri de shigoto shite imasu.

7 わたし　は　いぜん　…　と　いっしょに　しごと　を　したことがあります。
Watashi wa izen ... to issho ni shigoto o shita koto ga arimasu.

8 わたし　は　このたび　…　に　にんめいされました。
Watashi wa kono tabi ... ni ninmei saremashita.

9 わたし　は　せんげつ　いどうしました。
Watashi wa sengetsu idô shimashita.

10 わたし　は　…で　じっしゅう　を　しました。
Watashi wa ... de jisshû o shimashita.

11 わたし　は　かれ　の [こうにん / だいり] です。
Watashi wa kare no [kônin/dairi] desu.

12 わたし　が　…　の　あと　を　ひきつぎました。
Watashi ga ... no ato o hikitsugimashita.

13 わたし　は　…　ぶもん　を　しきしていました。
Watashi wa ... bumon o shiki shite imashita.

14 わたし　は　…　ぎんこう　から　きました。
Watashi wa ... ginkô kara kimashita.

15 Ich kenne das Team ... sehr gut.

16 Für mich ist das eine neue Erfahrung.

17 Das ist ein Gebiet, auf dem ich mich gut auskenne.

18 Ich bin der Verantwortliche [des Teams/der Vertriebsabteilung/des Verkaufs].

19 Ich bin [Ingenieur/Techniker].

20 Ich bin der Präsident der Firma ...

21 Mir obliegt [die Koordination/die Durchführung/die Förderung] von ...

22 Ich leite [die Umfrage/die Forschung] zum Thema ...

23 Ich leite ...

24 Ich unterstehe direkt der Geschäftsführung.

25 Ich vertrete die Abteilung ...

26 Es ist das erste Mal, dass ich an der Besprechung teilnehme.

27 Ich bin in/nach/zu ... gewechselt.

28 Ich gehöre zu ...

15 じゅんばんに　はつげんする

15 わたし　は　…　の　チーム　を　よく　しっています。
Watashi wa … no chîmu o yoku shitte imasu.

16 これ　は　わたし　に　とって、はじめての　けいけん　です。
Kore wa watashi ni totte, hajimete no keiken desu.

17 それ　は　わたし　の　よく　しっている　ぶんや　です。
Sore wa watashi no yoku shitte iru bunya desu.

18 わたし　は　[チーム　の　/　りゅうつう　ぶもん　の　/　えいぎょう　ぶもん　の]　せきにんしゃ　です。
Watashi wa [chîmu no/ryûtsû bumon no/eigyô bumon no] sekininsha desu.

19 わたし　は　[エンジニア　/　ぎし]　です。
Watashi wa [enjinia/gishi] desu.

20 わたし　は　…　の　しゃちょう　です。
Watashi wa … no shachô desu.

21 わたし　は　…　の　[コーディネイト　/　じっこう　/　そくしん]　を　まかされています。
Watashi wa … no [kôdineito/jikkô/sokushin] o makasarete imasu.

22 わたし　は　…　についての　[ちょうさ　/　けんきゅう]　を　しきしています。
Watashi wa … ni tsuite no [chôsa/kenkyû] o shiki shite imasu.

23 わたし　は　…　を　しきしています。
Watashi wa … o shiki shite imasu.

24 わたし　は　[けいえいじん　/　しっこうやくいん]　に　ちょくぞくしています。
Watashi wa [keieijin/shikkô yakuin] ni cokuzoku shite imasu.

25 わたし　は　…　ぶ　の　だいひょう　です。
Watashi wa … bu no daihyô desu.

26 わたし　が　かいぎ　に　さんかする　のは、これ　が　はじめて　です。
Watashi ga kaigi ni sanka suru nowa, kore ga hajimete desu.

27 わたし　は　…　に　いどうしました。
Watashi wa … ni idô shimashita.

28 わたし　は　…　に　しょぞくしています。
Watashi wa … ni shozoku shite imasu.

15 VORSTELLUNGSRUNDEN
Anmerkungen

2 *der Reihe nach reden/seine Meinung äußern* じゅんばん（順番）に [はつげん（発言）する / いけん（意見）を いう]; *sich selbst vorstellen* じこしょうかい（自己紹介）する

3 Japaner stellen sich oft so vor: ... と もうします *„ich heiße..."*, und lassen das Subjekt *ich* aus.

4 *Beruf* しごと（仕事）; *ist* (+ *zu* Infinitiv) ... (すること) だ. Auf Japanisch sagt man eher: „わたしは … しています。*Ich mache..."*.

5 *Dienststelle* ① *Gruppe* か（課）, ② ぶもん（部門）= *Abteilung*

6 *Buchhaltung* けいり（経理）、かいけい（会計）

8 *schon einmal* + Partizip Perfekt... *haben* したところだ / … したばかりだ / さいきん（最近）… した; *ernannt werden zu...* に にんめい（任命）される → *gerade ernannt worden sein* このたび … に にんめいされました. Diese Formulierung verwendet man auch, um die Ernennung mitzuteilen.

9 *den Bereich wechseln* いどう（異動）する

10 *praktische Ausbildung, Lernen* じっしゅう（実習）

11 *ersetzen* ① こうにん（後任）となる = *nachfolgen*, ② だいり（代理）となる = *jemanden vorübergehend vertreten*

13 *leiten* しき（指揮）する; *Abteilung* ① ぶ（部）, ② ぶもん（部門）

15 *Team* チーム（team）、はん（班）

17 *Gebiet* ① ぶんや（分野）= Industriezweig ② ぎょうかい（業界）= *Geschäftswelt*, ③ ぶもん（部門）

18 *Verantwortlicher* ① せきにんしゃ（責任者）= dem die Verantwortung obliegt, ② マネージャー、かちょう（課長）

19 *Ingenieur* エンジニア、ぎし（技師）

24 *Geschäftsführung* けいえいじん（経営陣）im Sinne von *„top management"* auf Englisch → *Generaldirektor* しっこうやくいん（執行役員）. Für die Worte *Geschäftsführung* oder *Generaldirektor* gibt es keine genaue japanische Entsprechung und man muss je nach Kontext bzw. der betreffenden Firmenstruktur eine andere Übersetzung wählen.

25 *vertreten* だいひょう（代表）する

27 *den Bereich wechseln* いどう（異動）する

28 *zugehörig sein zu...* に [しょぞく（所属）する/ちょくぞく（直属）する] = *direkt unterstehen*

15 じゅんばんに　はつげんする
Anmerkungen

KULTUR

Die großen japanischen Unternehmen übernehmen mehr und mehr das amerikanische Modell der Geschäftsführung. In diesem Fall entsprechen die Titel dem amerikanischen System, aber in den traditionellen klein- und mittelständischen Unternehmen, variieren die Titel je nach Unternehmen.

Titel entsprechend dem amerikanischen Modell ①		
Firmensitz, Hauptsitz	Head Office	ほんしゃ（本社）
Vorstandsvorsitzender	Chairman of the board CEO (Chief Executive Officer)	かいちょう（会長）
Präsident Generaldirektor	President COO (Chief Operating Officer)	しゃちょう（社長）
Vizepräsident	Executive Vice President	ふくしゃちょう（副社長）
geschäftsführender Direktor	Senior Managing Director	せんむとりしまりやく（専務取締役）
geschäftsführender Direktor	Managing Director	じょうむとりしまりやく（常務取締役）
Vorstandsmitglied	Director, Member of the Board	とりしまりやく（取締役）
Vorstand	Board of Directors	とりしまりやくかい（取締役会）
Hauptabteilung/Bereich	Department	ぶ（部）
Hauptabteilungsleiter	General Manager	ぶちょう（部長）
stellvertretender Hauptabteilungsleiter	Deputy General Manager	ぶちょうだいり（部長代理）
Assistent des Hauptabteilungsleiters	Assistant General Manager	ぶじちょう（部次長）
Abteilung	Section	か（課）
Abteilungsleiter	Manager	かちょう（課長）
stellvertretender Abteilungsleiter	Deputy Manager	かちょうだいり（課長代理）
Unterabteilung	Subsection	かかり（係）
Leiter der Unterabteilung	Supervisor	かかりちょう（係長）
Gruppe	Team	はん（班）
Gruppenleiter	Assistant Foreman	はんちょう（班長）

16A ERGEBNISSE

1 Wir haben bessere Ergebnisse erzielt als die Konkurrenz.

2 Unsere Einnahmen sind im Vergleich zum Vorjahr um 3 Prozent gestiegen.

3 Wir haben unser Ziel erreicht.

4 Die allgemeinen Kosten sind um 5 Prozent gesunken.

5 Die Ergebnisse des letzten Quartals sind [gut/schlecht].

6 Unsere Einnahmen sind im letzten Quartal um 4 Prozent gestiegen.

7 Wir haben unseren Marktanteil erweitert.

8 Unsere Produktpalette hat sich vergrößert.

9 Unsere Artikel sind derzeit in ... geführt.

10 Wir verkaufen derzeit in ...

11 Wir mussten unsere Bezugsquellen [diversifizieren/reduzieren].

12 Wir planen, nach ... zu expandieren.

13 Wir können seit ... ein stabiles Wachstum verzeichnen.

14 Im letzten Jahr haben wir einen Nettogewinn von ... [veröffentlicht/bekannt gegeben].

16A ぎょうせき

1 わがしゃ　は　きょうごうきぎょう　よりも　こうせいせき　を
おさめました。
Wagasha wa kyôgô kigyô yori mo kôseiseki o osamemashita.
2 わがしゃ　の　うりあげだか　は　さくねん　よりも　さんパーセント
ぞうかしています。
Wagasha no uriagedaka wa sakunen yori mo san-pâsento zôka shite imasu.
3 われわれ　は　もくひょう　を　たっせいしました。
Wareware wa mokuhyô o tassei shimashita.
4 いっぱんけいひ　は　ごパーセント　げんしょうしました。
Ippan keihi wa go-pâsento genshô shimashita.
5 ぜん　しはんき　の　ぎょうせき　は　[よい / わるい]　です。
Zen shihanki no gyôseki wa [yoi/warui] desu.
6 わがしゃ　の　うりあげ　は　ぜん　しはんき　に
よんパーセント　ぞうかしました。
Wagasha no uriage wa zen shihanki ni
yon-pâsento zôka shimashita.
7 わがしゃ　は　マーケットシェア　を　のばしました。
Wagasha wa mâketto shea o nobashimashita.
8 わがしゃ　の　とりあつかいひんもく　は　かくだいしました。
Wagasha no toriatsukai hinmoku wa kakudai shimashita.
9 とうしゃ　の　せいひん　は　げんざい　…　にて
とりあつかわれています。
Tôsha no seihin wa genzai ... nite toriatsukawarete imasu.
10 わがしゃ　は　げんざい　…　で　はんばいしています。
Wagasha wa genzai ... de hanbai shite imasu.
11 わがしゃ　では　しいれさき　[を　たようかしなければ / の　かず
を　しぼりこまなければ]　なりませんでした。
Wagasha dewa shi´iresaki [o tayôka shinakereba/no kazu
o shiborikomanakereba] narimasen deshita.
12 わがしゃ　は　…　に　しんしゅつする　よてい　です。
Wagasha wa ... ni shinshutsu suru yotei desu.
13 わがしゃ　は　…　いらい　あんていせいちょう　を　とげています。
Wagasha wa ... irai antei seichô o togete imasu.
14 さくねん、わがしゃ　では　…　の　じゅんえき　を
[こうひょうしました / はっぴょうしました]。
Sakunen, wagasha dewa ... no juneki o
[kôhyô shimashita/happyô shimashita].

16A ERGEBNISSE

15 Im Vergleich zum Vorjahr ist unser Gewinn [gestiegen/gesunken].

16 Dies sind Rekordzahlen.

17 Unsere neue Fabrik nimmt im Juni den Betrieb auf.

18 Sie [sind in die roten Zahlen gekommen/haben Schulden].

19 Sie mussten sich von ... Geld leihen.

20 Sie können das geliehene Geld nicht zurückzahlen.

21 Sie benötigen flüssiges Kapital.

22 Ihr Geschäftsgewinn ist um ... zurückgegangen.

23 Sie mussten ihre defizitäre Tochtergesellschaft verkaufen.

24 Sie mussten Mitarbeiter entlassen.

25 Ihre Arbeitskräfte verfügen nicht über die geeignete Qualifikation.

26 Wir haben letztes Jahr in China 30 Verkaufsstellen eröffnet.

27 Wir suchen einen neuen Partner.

28 Unser Exportgeschäft hat extrem zugenommen.

16A ぎょうせき

15 とうしゃ では さくねん に くらべ、 かくしゅ の りえき が [ぞうか / げんしょう] しました。
Tôsha dewa sakunen ni kurabe, kakushu no rieki ga [zôka/genshô] shimashita.

16 この すうじ は さいこうきろく です。
Kono sûji wa saikô kiroku desu.

17 とうしゃ の しんこうじょう は ろくがつ から かどうします。
Tôsha no shinkôjô wa rokugatsu kara kadô shimasu.

18 かれら は [あかじ に おちいっています / ふさい を かかえています]。
Karera wa … [akaji ni ochi´itte imasu/fusai o kakaete imasu].

19 かれら は … から かりいれなければなりませんでした。
Karera wa … kara kari´irenakereba narimasen deshita.

20 かれら は かりいれきん を なんとかして へんさいすることができません。
Karera wa kari´irekin o nantoka shite hensai suru koto ga dekimasen.

21 かれら は りゅうどうしさん を ひつようとしています。
Karera wa ryûdô shisan o hitsuyô to shite imasu.

22 かれら の えいぎょうりえき は … げんしょうしました。
Karera no eigyô rieki wa … genshô shimashita.

23 かれら は あかじ の こがいしゃ を ばいきゃくしなければなりませんでした。
Karera wa akaji no kogaisha o baikyaku shinakereba narimasen deshita.

24 かれら は じゅうぎょういん を かいこしなければなりませんでした。
Karera wa jûgyôin o kaiko shinakereba narimasen deshita.

25 かれら の ろうどうりょく には そうおうの じつりょく が ありません。
Karera no rôdôryoku niwa sô´ô no jitsuryoku ga arimasen.

26 とうしゃ は さくねん ちゅうごく に さんじゅってんぽ オープンしました。
Tôsha wa sakunen chûgoku ni sanjuttenpo ôpun shimashita.

27 とうしゃ は あたらしい [パートナー / ていけいきぎょう] を さがしています。
Tôsha wa atarashii [pâtonâ/teikei kigyô] o sagashite imasu.

28 とうしゃ では ゆしゅつ が ひやくてきに のびました。
Tôsha dewa yushutsu ga hiyakuteki ni nobimashita.

16A ERGEBNISSE
Anmerkungen

1 *ein besseres Ergebnis erzielen als...* よりも　こうせいせき（好成績）　をおさめる

2 *Einnahmen* うりあげだか（売上高）、ねんしょう（年商）= *Jahresumsatz*

3 *Ziel* もくひょう（目標）

4 *allgemeine Kosten* いっぱんけいひ（一般経費）; *zurückgehen* げんしょう（減少）する

5 *Ergebnis* ぎょうせき（業績）; *Quartal* しはんき（四半期）→ *das letzte Quartal* ぜんしはんき（前四半期）; *gut* よい（良い）、こうちょう（好調）だ; *schlecht* わるい（悪い）、ふちょう（不調）だ

7 *Marktanteile gewinnen* シェア　を　[のばす（伸ばす）/　かくだい（拡大）する　/　かくとく（獲得）する]
→ *Marktanteile halten* シェアを　いじ（維持）する

8 *Produktpalette* とりあつかいひんもく（取扱品目）、しょうひんこうせい（商品構成）

11 *diversifizieren* たようか（多様化）する、ふやす; *reduzieren* かず（数）を　[しぼる　/　しぼりこむ]; *Zulieferer* しいれさき（仕入先）、サプライヤー（supplier）

12 *expandieren* しんしゅつ（進出）する、じぎょうてんかい（事業展開）する

13 *stabiles Wachstum* あんていせいちょう（安定成長）

14 *veröffentlichen* こうひょう（公表）する; *bekannt geben* はっぴょう（発表）する; *Gewinn* りえき（利益）→ *Nettogewinn* じゅんえき（純益）

15 *Gewinne* かくしゅ（各種）りえき（利益）= *verschiedene Gewinne.* Im Japanischen gibt es keine spezielle Pluralform. Wenn man den pluralischen Sinn ausdrücken möchte, benutzt man Adjektive wie いくつかの *einige,* いろいろな、かくしゅ *verschiedene.*

16 *Zahlen* すうじ（数字）; *Rekord* さいこうきろく（最高記録）

17 *neue Fabrik* しんこうじょう（新工場）; *den Betrieb aufnehmen* かどう（稼動）する

18 *in die roten Zahlen kommen* あかじ（赤字）に　おちいる; *verschuldet sein* [ふさい（負債）/　しゃっきん（借金）]を　かかえる

19 *von ... leihen ...*　から　[かりいれる（借り入れる）/　かりる（借りる）]

20 *es irgendwie schaffen, zu ...* なんとかして　... する; *zurückzahlen* へんさい（返済）する; *Schulden, geliehenes Geld* かりいれきん（借入金）、しゃっきん（借金）、ふさい（負債）

21 *flüssiges Kapital* りゅうどうしさん（流動資産）→ キャッシュフロー *cash flow*

22 *Geschäftsgewinn* えいぎょうりえき（営業利益）

23 *verkaufen* ばいきゃく（売却）する für Güter wie Grundstücke, Unternehmen und Fabriken うる（売る）; *defizitär* あかじ（赤字）の → *defizitäre Finanzlage* あかじざいせい（赤字財政）→ *defizitäres Unternehmen* あかじきぎょう（赤字企業）

24 *entlassen* かいこ（解雇）する, じゅうぎょういん（従業員）*Personal.*

26 *eine Verkaufsstelle eröffnen* てんぽ（店舗）を オープンする

27 *Partner* パートナー、ていけいきぎょう（提携企業）

WIRTSCHAFT: Jahresabschluss
かいけいねんど（会計年度）[kaikei nendo]
oder じぎょうねんど（事業年度）[jigyô nendo] *Fiskaljahr*

Bei traditionellen japanischen Unternehmen beginnt das Fiskaljahr am 1. April und endet am 31. März. Bei auf dem internationalen Markt agierenden Unternehmen oder Tochtergesellschaften ausländischer Unternehmen geht das Fiskaljahr vom Januar bis Dezember.

Es gibt daher je nach Unternehmen zwei Perioden für den *Rechnungsabschluss* けっさん（決算）[kessan].

Die ersten 6 Monate werden かみき（上期）[kamiki] oder かみはんき（上半期）[kami hanki] genannt, die zweite Jahreshälfte しもき（下期）[shimoki] oder しもはんき（下半期）[shimo hanki]. Wenn ein Unternehmen das Fiskaljahr zum 1. April beginnt, entspricht かみき（上期）den Monaten April bis September, しもき（下期）von Oktober bis März, *das erste Quartal* だいいちしはんき（第1四半期）[dai'ichi shihanki] von April bis Juni, *das zweite Quartal* だいにしはんき（第2四半期）[daini shihanki] von Juli bis September, *das dritte Quartal* だいさんしはんき（第3四半期）[daisan shihanki] von Oktober bis Dezember und *das vierte Quartal* だいよんしはんき（第4四半期）[daiyon shihanki] von Januar bis März.

16B PROJEKTE

1 Wir starten eine inländische Kampagne.

2 Wir werden den Verkauf der neuen Artikel fördern.

3 Wir verbessern die Qualität des Kundenservices.

4 Wir strukturieren die Verkaufsabteilung um.

5 Wir werden dazu die Meinung im Verbraucherpanel einholen.

6 Wir erneuern die Produktserie für Kinderartikel.

7 Wir beabsichtigen, die Zahl der Zulieferer zu erhöhen.

8 Wir werden das Vertriebsnetz ausbauen.

9 Wir gestalten eine Homepage speziell für ...

10 Wir beabsichtigen, einen Spezialisten für ... einzustellen.

11 Wir wollen eine Umfrage in Auftrag geben.

12 Wir schalten eine Anzeige in ...

13 Wir wollen uns auf diesem Nischenmarkt etablieren.

14 Wir wollen diesen neuen Markt in Angriff nehmen.

16B きかく / けいかく

1 こくない キャンペーン を はじめます。
Kokunai kyanpên o hajimemasu.
2 あたらしい ひんもく の はんばいそくしんをしましょう。
Atarashii hinmoku no hanbai sokushin o shimashô.
3 とうしゃ は [こきゃく / カスタマー] サービス の しつ を [かいぜんします / こうじょうさせます]。
Tôsha wa [kokyaku/kasutamâ] sâbisu no shitsu o [kaizen shimasu/kôjô sasemasu].
4 とうしゃ では えいぎょう ぶもん を さいへんします。
Tôsha dewa eigyô bumon o saihen shimasu.
5 しょうひしゃ モニター の いけん を きいてみましょう。
Shôhisha monitâ no iken o kîte mimashô.
6 こどもよう せいひん の シリーズ を いっしんします。
Kodomo-yô seihin no shirîzu o isshin shimasu.
7 しいれさき を ふやす よてい です。
Shi´iresaki o fuyasu yotei desu.
8 わがしゃ の りゅうつうもう を かくだいしましょう。
Wagasha no ryûtsûmô o kakudai shimashô.
9 … せんもん の インターネットサイト を つくります。
... senmon no intânetto saito o tsukurimasu.
10 … の [スペシャリスト / せんもんか] を さいようする よてい です。
... no [supesharisuto/senmonka] o saiyô suru yotei desu.
11 ちょうさ を いらいする よてい です。
Chôsa o irai suru yotei desu.
12 … に こうこく を だします。
... ni kôkoku o dashimasu.
13 この ニッチ しじょう に わがしゃ の ポジション を かくりつしましょう。
Kono nitchi shijô ni wagasha no pojishon o kakuritsu shimashô.
14 [しんしじょう / あたらしい マーケット] に とりくみましょう。
[Shinshijô/Atarashii mâketto] ni torikumimashô.

15 Wir müssen unsere Büros [renovieren/vergrößern].

16 Wir müssen die Motivation unserer Mitarbeiter steigern.

17 Wir müssen eine aggressivere Strategie entwickeln.

18 Wir müssen unsere Zielgruppe genauer eingrenzen.

19 Wir müssen unsere Arbeitskräfte reorganisieren.

20 Wir müssen uns dieser neuen Herausforderung stellen.

21 Wir müssen unseren Gewinn optimieren.

22 Wir müssen unser Firmenimage bewahren.

23 Man muss den Etat für Mitarbeitertrainings erhöhen.

24 Wir müssen das über die Agentur abwickeln.

25 Wir müssen eine neue Struktur schaffen.

26 Wir müssen die Schaffung von ... überdenken.

27 Wir müssen alles unternehmen, um eine Verlagerung zu vermeiden.

28 Wir müssen unsere Computer aufrüsten.

16B きかく / けいかく

15 じむしょ を [かいそう / かくちょう] しなければなりません。
Jimusho o [kaisô/kakuchô] shinakereba narimasen.

16 しゃいん の モチベーション を もっと あげなければ なりません。
Shain no mochibêshon o motto agenakereba narimasen.

17 もっと せっきょくてきな せんりゃく を ねらなければ なりません。
Motto sekkyokuteki na senryaku o neranakereba narimasen.

18 こきゃく ターゲット を もっと しぼらなければなりません。
Kokyaku tâgetto o motto shiboranakereba narimasen.

19 とうしゃ の ろうどうりょく を さいへんする ひつようがあります。
Tôsha no rôdôryoku o saihen suru hitsuyô ga arimasu.

20 われわれ は この あたらしい ちょうせん に おうじなければ なりません。
Wareware wa kono atarashii chôsen ni ôjinakereba narimasen.

21 わがしゃ の りてん を さいだいげん に いかさなければなり ません。
Wagasha no riten o saidaigen ni ikasanakereba narimasen.

22 わがしゃ の イメージ を いじする ひつようがあります。
Wagasha no imêji o iji suru hitsuyô ga arimasu.

23 しゃいんけんしゅう の よさん を ふやす ひつようがあります。
Sha´in kenshû no yosan o fuyasu hitsuyô ga arimasu.

24 だいりてん を とおさなければなりません。
Dairiten o tôsanakereba narimasen.

25 あたらしい そしき を つくらなければなりません。
Atarashii soshiki o tsukuranakereba narimasen.

26 … の [そうせつ / せいぞう] を けんとうしなければ なりません。
... no [sôsetsu/seizô] o kentô shinakereba narimasen.

27 いてん を さけるべく、あらゆること を しなければなりません。
Iten o sakeru beku, arayuru koto o shinakereba narimasen.

28 とうしゃ の コンピューターシステム を さいしんせつびにする ひつようが あります。
Tôsha no konpyûtâ shisutemu o saishin setsubi ni suru hitsuyô ga arimasu.

16B PROJEKTE
Anmerkungen

1 *eine Kampagne starten* キャンペーン　を　はじめる
2 *den Verkauf fördern* はんばいそくしん（販売促進）する; *Produktpalette* ひんもく（品目）
3 *verbessern* かいぜん（改善）する、こうじょう（向上）させる; *Qualität* しつ（質）、クオリティ（quality）; *Kundenservice* [こきゃく（顧客）/ カスタマー（customer）] サービス → *After-sales Service* アフターサービス
4 *umstrukturieren* さいへん（再編）する
5 *Panel* モニター（monitor）
6 *erneuern* いっしん（一新）する; *Serie* シリーズ
7 *Bezugsquelle/Zulieferer* しいれさき（仕入先）、サプライヤー（supplier）
8 *ausbauen* かくだい（拡大）する; *Vertriebsnetz* りゅうつうもう（流通網）
10 *einstellen* さいよう（採用）する; *Spezialist* スペシャリスト、せんもんか（専門家）
11 *in Auftrag geben* いらい（依頼）する; *Umfrage* ちょうさ（調査）
13 *sich etablieren* [ポジション　/　ちい（地位）]　を　かくりつ（確立）する
14 *neue Märkte* しんしじょう（新市場）、あたらしい（新しい）マーケット
15 *müssen...* なければならない、…　する　ひつよう（必要）がある; *umbauen* かいそう（改装）する、リニューアル（renewal）する für einen Laden oder ein Geschäft; *vergrößern* かくちょう（拡張）する; *Büro* ①じむしょ（事務所）、オフィス（office）, ② てんぽ（店舗）= *Verkaufsstelle*
16 *die Motivation erhöhen* モチベーション　を　あげる; *Personal, Mitarbeiter* しゃいん（社員）、じゅうぎょういん（従業員）、スタッフ（staff）
17 *eine Strategie entwickeln* せんりゃく（戦略）を　ねる（練る）; *aggressive Strategie* [せっきょくてき（積極的）な　/　ダイナミックな]　せんりゃく（戦略）
18 *die Zielgruppe eingrenzen* こきゃく（顧客）ターゲット　を　しぼる
19 *reorganisieren* さいへん（再編）する
20 *sich einer Herausforderung stellen* ちょうせん（挑戦）[に　おうじる（応じる）/ を　うける]
21 *optimieren* さいだいげん（最大限）に　[いかす（応じる）/　かつよう（活用）する]; *Gewinn* りてん（利点）、きりふだ（切り札）
23 *Etat* よさん（予算）;
Ausbildung/Training der Mitarbeiter しゃいんけんしゅう（社員研修）
24 *über die Agentur abwickeln* だいりてん（代理店）を　とおす
25 *Einheit* そしき（組織）
26 *ins Auge fassen, überdenken* けんとう（検討）する; *Schaffung* ① そうせつ（創設）für Strukturen、② せいぞう（製造）für Produkte
27 *Verlagerung* いてん（移転）
28 *IT, Computersystem* コンピューターシステム

16B きかく / けいかく
Anmerkungen

GRAMMATIK

Das deutsche Futur wird im Japanischen mit dem Präsens wiedergegeben, da es im Japanischen keine spezielle Verbendung für das Futur gibt. Häufig sind es die Zeitadverbien, die der Aussage einen zukünftigen Charakter verleihen. Ferner kann das Futur mit den folgenden Paraphrasen am Satzende ausgedrückt werden:

… つもりです: *die Absicht haben zu* + Infinitiv
… よてい(予定)です: *planen zu* + Infinitiv
… ましょう: von ます abgeleitet, drückt eine gemeinsame Entscheidung von Sprecher und Gesprächspartner(n) aus.

KULTUR

Tabelle der Titel im Unternehmen ②, die Folge von S. 111		
Geschäftseinheit	Division Company	しゃないぶんしゃ(社内分社)
Präsident	President	しゃちょう(社長)
Vizepräsident	Vice President	ふくしゃちょう(副社長)
Zentrale, Hauptverwaltung	Corporate Division	ほんぶ(本部)
Direktor der Hauptverwaltung	Director	ほんぶちょう(本部長)
Vizedirektor der Hauptverwaltung	Associate Director	ふくほんぶちょう(副本部長)
Geschäftsabteilung	Division	じぎょうぶ(事業部)
Geschäftsführer	Director	じぎょうぶちょう (事業部長)
Assistent des Geschäftsführers	Assistant Director	じぎょうじちょう(事業次長)
Forschungsinstitut	Research Laboratory	けんきゅうじょ(研究所)
Leiter der Forschung	Director	けんきゅうじょしょちょう(研究所所長)
Geschäftsstelle	Sales Office	えいぎょうしょ(営業所)
Leiter der Geschäftsstelle	Director	えいぎょうしょしょちょう(営業所所長)
Zweigstelle	Branch Office	してん(支店)
Zweigstellenleiter	Director	してんちょう(支店長)
Fabrik	Plant	こうじょう(工場)
Fabrikleiter	Plant Superintendent	こうじょうちょう(工場長)

17A TABELLEN UND ABBILDUNGEN

1 Dieses Diagramm veranschaulicht …

2 Vor Ihnen haben Sie …

3 Das ist eine Vergrößerung von …

4 Das ist ein Foto in Originalgröße.

5 Im oberen Teil des Dokuments ist/sind …

6 Das Ergebnis steht rechts unten.

7 Diese Tabelle zeigt die Zahlenwerte der verschiedenen Segmente.

8 Auf dem Bildschirm werden die Skizzen A und B gezeigt.

9 Das Ergebnis wird auf … angezeigt.

10 Die Kurve ist stabil.

11 Man kann einen plötzlichen Abfall erkennen.

12 Die Kurve steigt [ab/seit] April wieder, und erreicht im Juni ihren Höhepunkt.

13 Wenn wir die Ansicht vergrößern, ist es klar zu erkennen.

14 Am Bildschirm sehen Sie …

15 Diese Tabelle veranschaulicht …

17A ひょう と グラフ

1 この グラフ は … を あらわしています。
Kono gurafu wa ... o arawashite imasu.
2 てまえ には … が あります。
Temae niwa ... ga arimasu.
3 これ は … の クローズアップ です。
Kore wa ... no kurôzu appu desu.
4 これ は じつぶつだい の しゃしん です。
Kore wa jitsubutsudai no shashin desu.
5 しりょう の じょうぶ に … が あります。
Shiryô no jôbu ni ... ga ariamsu.
6 [けっか / せいせき] は みぎした に あります。
[Kekka/Seiseki] wa migishita ni arimasu.
7 この ひょう は かく セグメント の すうち を あらわしています。
Kono hyô wa kaku segumento no sûchi o arawashite imasu.
8 スクリーン では エイ と ビー の りゃくず を あらわしています。
Sukrîn dewa ei to bî no ryakuzu o arawashite imasu.
9 [せいせき / ぎょうせき] は … に ひょうじされています。
[Seiseki/Gyôseki] wa ... ni hyôji sarete imasu.
10 カーブ は あんていします。
Kâbu wa antei shimasu.
11 きゅうげきな げらく を かくにんできます。
Kyûgeki na geraku o kakunin dekimasu.
12 この カーブ は しがつ [から / いこう] ふたたび
じょうしょうし、ろくがつ に ちょうてん に たっします。
Kono kâbu wa shigatsu [kara/igô] futatabi
jôshô shi, rokugatsu ni chôten ni tasshimasu.
13 かくだいする と、 それが はっきりと わかります。
Kakudai suru to, sore ga hakkiri to wakarimasu.
14 スクリーン では … が わかります。
Sukrîn dewa ... ga wakarimasu.
15 この ひょう は … を あらわしています。
Kono hyô wa ... o arawashite imasu.

17A TABELLEN UND ABBILDUNGEN

16 Sehen Sie in der linken oberen Ecke einen kleinen blauen Pfeil?

17 Dieses [Dia/Bild] zeigt den Querschnitt.

18 Diese Tabelle veranschaulicht die neueren Veränderungen.

19 Diese [Zahlen/Daten] müssen aktualisiert werden.

20 Bitte lassen Sie die letzte Zahl außer Betracht.

21 Diese Tabelle veranschaulicht das Wachstum der Einnahmen im letzten Quartal.

22 Dieses Kreisdiagramm muss [vervollständigt/korrigiert] werden.

23 Der [obere Teil/untere Teil] der Tabelle veranschaulicht ...

24 Wenn wir die beiden Kurven übereinander legen, ...

25 [Die linke Spalte/Die erste Spalte] ist nicht so leicht verständlich wie ...

26 Der [graue/schraffierte] Bereich entspricht ...

27 Die gepunktete Linie zeigt ... an.

28 Aus diesem Säulendiagramm lässt sich ... folgern.

29 Könnten Sie das Bild scharf stellen?

30 Entschuldigen Sie das unscharfe Bild.

17A ひょう と グラフ

16 じょうぶ ひだりすみ に ちいさな あおい やじるし が みえますか。
Jôbu hidari sumi ni chiisa na aoi yajirushi ga miemasu ka.

17 この [スライド / えいぞう] は おうだんめん を あらわしています。
Kono [suraido/eizô] wa ôdanmen o arawashite imasu.

18 この ひょう は さいきん の すいい を あらわしています。
Kono hyô wa saikin no sui´i o arawashite imasu.

19 これら の [すうじ / データ] は こうしんされなければなりません。
Korera no [sûji/dêta] wa kôshin sarenakereba narimasen.

20 さいご の すうじ は じゅうししないでください。
Saigo no sûji wa jûshi shinaide kudasai.

21 この ひょう は ぜんしはんき の うりあげ の ぞうか を あらわしています。
Kono hyô wa zenshihanki no uriage no zôka o arawashite imasu.

22 この えんグラフ は [ほそくされる / ていせいされる] ひつようがあります。
Kono en-gurafu wa [hosoku sareru/teisei sareru] hitsuyô ga arimasu.

23 ひょう の [じょうぶ / かぶ] は … を あらわしています。
Hyô no [jôbu/kabu] wa ... o arawashite imasu.

24 ふたつ の きょくせん を かさねると、… 。
Futatsu no kyokusen o kasaneru to, ...

25 [ひだり の れつ / だいいちれつ] は … ほど わかりやすくありません。
[Hidari no retsu/Dai´ichi retsu] wa ... hodo wakariyasuku arimasen.

26 [グレー / しまもよう] の [ゾーン / ぶぶん] は … に そうとうします。
[Gurê/Shima moyô] no [zôn/bubun] wa ... ni sôtô shimasu.

27 てんせん は … を あらわしています。
Tensen wa ... o arawashite imasu.

28 この ちゅうじょうグラフ から、… を すいろん できます。
Kono chôjô gurafu kara, ... o suiron dekimasu.

29 ピント を あわせてもらえますか。
Pinto o awasete moraemasu ka.

30 しょうしょう ぼけた えいぞう を おゆるしください。
Shôshô boketa eizô o o-yurushi kudasai.

17A TABELLEN UND ABBILDUNGEN
Anmerkungen

1 *Diagramm* グラフ、ずひょう(図表); *darstellen* あらわす(表す)
2 *vor, vorne* てまえ(手前)に; *bemerken…* にきづく=*es gibt…* が　ある
3 *Vergrößerung* クローズアップ(close up)
4 *Originalgröße* じつぶつだい(実物大)の
5 *man sieht…* を　みる(見る)=*es gibt…* が　ある; *im oberen Teil von …* の　じょうぶ(上部)に; *Unterlagen* しりょう(資料)
6 *Ergebnis* ① けっか(結果) für eine Verkaufsförderung oder Kampagne, ② せいせき(成績) = *wirtschaftliches Ergebnis* えいぎょう(営業)せいせき(成績), ③ ぎょうせき(業績) = *Leistung, Ergebnis*; *rechts unten* みぎした(右下)に; *rechts oben* みぎうえ(右上); *links oben* ひだりうえ(左上); *links unten* ひだりした(左下)
7 *Tabelle* ひょう(表); *die Tabelle zeigt…* ひょう(表)は　…を　あらわしている; すうち(数値) *Zahlenwert; verschiedene* + Substantiv いろいろな、かくしゅ(各種)の、かく(各) = *jedes*; *Segment* セグメント、カテゴリー(category)
8 *Skizze* ① りゃくず(略図)、ずしき(図式)、② がいりゃく(概略)、がいよう(概要) → *eine Projektskizze erläutern* けいかく(計画)のがいよう(概要)を　せつめい(説明)する
9 *angezeigt werden* ひょうじ(表示)される
10 *Kurve* カーブ; *sich stabilisieren* あんてい(安定)する
11 *ein plötzlicher Sturz*　きゅうげき(急激)な　[げらく(下落)/ていか(低下)]
12 *wieder steigen* ふたたび(再び)　じょうしょう(上昇)する
13 *Vergrößerung* かくだい(拡大)
14 *erkennen, sehen…* が　わかる、… を　かくにん(確認)する
16 *Pfeil* やじるし(矢印); *in der Ecke* すみに; *oben* じょうぶ(上部)
17 *Dia* スライド; *Bild* えいぞう(映像); *Querschnitt* おうだんめん(横断面)
18 *Veränderung* すいい(推移); *kürzlich* さいきん(最近)の
19 *Zahl* すうじ(数字); *Daten*　データ(data); *aktualisieren* こうしん(更新)する
20 *berücksichtigen …*　を　じゅうし(重視)する、こうりょ(考慮)する
22 *Kreisdiagramm* えん(円)グラフ; *vervollständigen* ほそく(補足)する; *korrigieren* ていせい(訂正)する
25 *Spalte* れつ(列); *verständlich* わかりやすい
27 *gepunktete Linie*　てんせん(点線)
28 *von, aus …* から; *Säulendiagramm* ちゅうじょう(柱状)グラフ、ヒストグラム; *folgern, ableiten* すいろん(推論)する、けつろん(結論)する
29 *scharf stellen* ピント　を　あわせる → あわせてもらえますか Siehe S. 51.

KULTUR

Japanische Unternehmen rekrutieren regelmäßig ihre Mitarbeiter unter den frischen Absolventen, die gerade das Gymnasium oder die Universität abgeschlossen haben, Ende März (da das Schuljahr wie das traditionelle Fiskaljahr von April bis März geht). Da die *neuen Angestellten* しんにゅうしゃいん（新入社員）[shinnyû shain] alle Anfang April, zu Beginn des neuen Fiskaljahrs, eingestellt werden, sind sie während des ganzen vorangehenden Jahres auf *Arbeitssuche* しゅうしょくかつどう（就職活動）[shûshoku katsudô]. In den großen Unternehmen, die bei den Studenten und angehenden Absolventen sehr gefragt sind und die jährlich bis zu Hunderte von jungen Leuten einstellen, organisiert die Personalabteilung vorab Seminare, in denen sich das Unternehmen vorstellt und das Prozedere erläutert wird. Danach finden schriftliche Einstellungstests statt, um die besten Kandidaten auszusieben. Die endgültige Auswahl wird in Bewerbungsgesprächen getroffen. Man nennt diese *Tests und Bewerbungsgespräche* さいようしけん（採用試験）[saiyô shiken]. Die auf diese Weise rekrutierten neuen Angestellten durchlaufen dann ein gemeinsames Training und innerhalb *desselben Jahrgangs* どうき（同期）[dôki] bilden sich oft Freundschaften heraus.

Im Gegensatz zu den europäischen Unternehmen, die je nach den Anforderungen der Stelle eher erfahrene Mitarbeiter einstellen, sehen die japanischen Unternehmen die Ausbildung der jungen Absolventen als ihre gesellschaftliche Verantwortung an.

17B ZAHLEN

1 Unser Umsatz ist im letzten Quartal um 2% gestiegen.

2 Sie haben ein Ergebnis veröffentlicht, das die Erwartungen um 0,5% übertraf.

3 Wir verkaufen jährlich 2.000 bis 3.000 Artikel an sie.

4 Bei ihnen sind Hunderte von E-Mails eingegangen.

5 Die jüngsten Zahlen belegen einen Zuwachs von 6% im Vergleich zum Vorjahr.

6 Wir müssen einige tausend defekte Artikel zurückrufen.

7 Ihr Geschäftsgewinn ist um 5% zurückgegangen.

8 Meine neue Telefonnummer lautet 0 6 ...

9 Zwei Drittel unserer Kunden sind Ende 30.

10 Das ist die höchste Zahl innerhalb von zwei Jahren.

11 Das entspricht 14% des Ganzen.

12 Das ist das beste Ergebnis der letzten 5 Jahre.

13 Das ist die niedrigste Zahl, die wir jemals verzeichnet haben.

17B すうじ

1 わがしゃ　の　うりあげ　は　ぜんしはんき　に、にパーセント　ぞうかしました。
Wagasha no uriage wa zenshi hanki ni, ni-pâsento zôka shimashita.

2 かれら　は　よそう　を　れいてんごパーセント　うわまわる　けっか　を　だしました。
Karera wa yosô o reitengo-pâsento uwamawaru kekka o dashimashita.

3 わがしゃ　は　かれら　に　ねんかん　にせん　から　さんぜん　こ　の　しょうひん　を　はんばいしています。
Wagasha wa karera ni nenkan nisen kara sanzen ko no shôhin o hanbai shite imasu.

4 かれら　は　なんびゃくつうもの　メール　を　うけとりました。
Karera wa nanbyakutsû mo no mêru o uketorimashita.

5 さいしん　の　すうじ　は　さくねんたいひ、ろくパーセント　の　ぞうか　を　しめしています。
Saishin no sûji wa sakunen taihi, roku-pâsento no zôka o shimeshite imasu.

6 すうせん　の　けっかんしょうひん　を　リコールしなければ　なりません。
Sûsen no kekkan shôhin o rikôru shinakereba narimasen.

7 かれら　の　えいぎょうりえき　は　ごパーセント　げんしょうしました。
Karera no eigyô rieki wa go-pâsento genshô shimashita.

8 わたし　の　あたらしい　でんわばんごう　は、ゼロ　ロク　…　。
Watashi no atarashii denwa bangô wa, zero roku …

9 わがしゃ　の　こきゃく　の　さんぶんのに　が　さんじゅうだいこうはん　です。
Wagasha no kokyaku no sanbun no ni ga sanjûdai kôhan desu.

10 これ　は　にねんかん　で　いちばん　たかい　すうじ　です。
Kore wa ninenkan de ichiban takai sûji desu.

11 これ　は　ぜんたい　の　じゅうよんパーセント　に　そうとうします。
Kore wa zentai no jûyon-pâsento ni sôtô shimasu.

12 これ　は　かこごねんかん　で　いちばん　の　せいせき　です。
Kore wa kako gonenkan de ichiban no seiseki desu.

13 これ　は　かこ　に　きろくのない、さいてい　の　すうじ　です。
Kore wa kako ni kiroku no nai, saitei no sûji desu.

14 Unsere Gewinnmarge nimmt Jahr für Jahr ab.

15 Natürlich müssten wir noch die allgemeinen Betriebskosten davon abziehen.

16 Dieser Prozentsatz ist das Doppelte von dem, was wir erwartet haben.

17 Das ist eine viertägige Geschäftsreise.

18 Dieser Betrag übersteigt unsere Möglichkeiten bei Weitem.

19 Wir müssten unsere Ausgaben um mindestens ein Fünftel reduzieren.

20 Es gehen immer mehr Anfragen bei uns ein.

21 Wir haben nur äußerst wenig Zeit.

22 Wir bekommen immer mehr Reklamationen.

23 Wir haben nur noch ein paar Dutzend auf Lager.

24 Nur sehr wenige Kunden beschweren sich.

25 Sie haben den doppelten Gewinn gemacht.

26 Wir werden doppelt so viele Personen sein.

14 わがしゃ の マージン は ねんねん げんしょうしています。
Wagasha no mâjin wa nennen genshô shite imasu.

15 もちろん、いっぱんけいひ を さしひかなければならないでしょう。
Mochiron, ippan keihi o sashihikanakereba naranai deshô.

16 この パーセンテージ は われわれ の きたい の ばい です。
Kono pâsentêji wa wareware no kitai no bai desu.

17 よっかかん の しゅっちょう です。
Yokkakan no shutchô desu.

18 この きんがく は われわれ の のうりょく を はるかに こえます。
Kono kingaku wa wareware no nôryoku o haruka ni koemasu.

19 ししゅつ を すくなくとも ごぶんのいち さくげんしなければ ならないでしょう。
Shishutsu o sukunakutomo gobun no ichi sakugen shinakereba naranai deshô.

20 わがしゃ では ますます おおくの といあわせ を うけています。
Wagasha dewa masumasu ôku no toiawase o ukete imasu.

21 われわれ には ごく わずか の じかん しか ありません。
Wareware niwa goku wazuka no jikan shika arimasen.

22 わがしゃ は より おおくの くじょう を うけました。
Wagasha wa yori ôku no kujô o ukemashita.

23 [ざいこ / ストック] は すう ダース しか ありません。
[Zaiko/Sutokku] wa sû dâsu shika arimasen.

24 ひじょうに ごく わずか の おきゃくさま が ふまん を いっています。
Hijô ni goku wazuka no o-kyaku-sama ga fuman o itte imasu.

25 かれら は にばい(の かね を)もうけました。
Karera wa nibai (no kane o) môkemashita.

26 われわれ は ばい の にんずう に なるでしょう。
Wareware wa bai no ninzû ni naru deshô.

17B ZAHLEN
Anmerkungen

1 *Umsatz* うりあげ（売上）

2 *ein Ergebnis, das ... übertrifft, veröffentlichen...*　を　うわまわる　けっか（結果）を　だす; *Erwartung, Vorhersage* よそく（予測）、よそう（予想）

3 *Artikel* しょうひん（商品）; *jährlich* ねんかん（年間）、いちねん（一年）に

4 *Hunderte von* すうひゃく（数百）の、なんびゃく（何百）の

5 *die jüngsten Zahlen* さいしん（最新）の　すうじ（数字）; *im Vergleich zu...* に　くらべ → *Steigerung um... % im Vergleich zum Vorjahr* [さくねんたいひ（昨年対比）/　さくたい（昨対）]　... パーセント　の　ぞうか（増加）

6 *zurückrufen* リコールする、じしゅかいしゅう（自主回収）する; *einige tausend...* すうせん（数千）の...; *fehlerhafte Artikel*　けっかんしょうひん（欠陥商品）、ふりょうひん（不良品）

9 *zwei Drittel* さんぶん　の　に（三分の二）; *Ende 30* さんじゅうだいこうはん（三十代後半）だ ↔ さんじゅうだいぜんはん（三十代前半）だ *Anfang 30 → Sie sind in den Vierzigern.* かれら　は　よんじゅうだいである（彼らは四十代である）。

11 *das entspricht* それは　...　に　そうとう（相当）する.

12 *das beste Ergebnis* [いちばん（一番）の　/　いちばんよい（一番良い）] せいせき（成績）; *in den letzen fünf Jahren* かこごねんかん（過去五年間）で

13 *die niedrigste Zahl* さいていのすうじ（最低の数字）

14 *Marge* マージン（margin）; *abnehmen, zurückgehen* げんしょう（減少）する

15 *abziehen* さしひく; *allgemeine Betriebskosten* いっぱん けいひ（一般経費）

16 *das Doppelte von...* の　[にばい（二倍）/　ばい（倍）]

17 *Reise* りょこう（旅行）→ *Geschäftsreise* しゅっちょう（出張）

18 *Geldbetrag* きんがく（金額）; *die eigenen Möglichkeiten übersteigen* われわれ（我々）の　のうりょく（能力）を　こえる

19 *reduzieren* さくげん（削減）する; *Ausgaben* ししゅつ（支出）、けいひ（経費）→ *Senkung der Betriebskosten* けいひさくげん（経費削減）; *ein Fünftel* ごぶんのいち（五分の1）

20 *Anfrage* といあわせ（問い合わせ）

22 *mehr* よりおおくの; *Reklamation* クレーム、くじょう（苦情）

23 *ein Dutzend* ダース, das Wort wird als einfache Zahl angesehen und man muss daher noch das Suffix こ, das normalerweise verwendet wird, um *Waren* zu zählen, hinzufügen; *Lager* ざいこ（在庫）、ストック

25 *das Doppelte*　にばい（二倍）、ばい（倍）

17B すうじ Anmerkungen

GRAMMATIK

Wenn im Japanischen Substantive durch Zahlenangaben näher bestimmt werden, folgen auf die Zahlen Suffixe, welche die Natur des zu zählenden Gegenstandes, seien es Lebewesen oder Dinge, angeben.

Einige Zählsuffixe für den beruflichen Alltag	
にん(人) [nin]	für Personen Bsp. *tausend Besucher* せんにん(千人)[sen-nin]の らいじょうしゃ(来場者)
めい(名) [mei]	für Personen, formeller als にん Bsp. *200 Verkäufer* にひゃくめい(200名)[nihyaku-mei] の はんばいいん(販売員)
こ(個) [ko]	für kleine Gegenstände Bsp. *2.000-3.000 Artikel* にせん(二千)から さんぜんこ(三千個)[nisen kara sanzen-ko] の しょうひん(商品)
ほん(本) [hon] bzw. [bon] oder [pon]	für lange Gegenstände wie Stifte, Zigaretten oder Flaschen Bsp. *100.000 Flaschen Wein verkaufen* じゅうまんぼん(十万本)[jûman-bon]の ワインを はんばい(販売)する
だい(台) [dai]	für industriell gefertigte Produkte wie Autos, elektronische Geräte und Maschinen Bsp. *eine Bestellung von 100 Rechnern* ひゃくだい(百台) [hyaku-dai]の コンピューター の ちゅうもん(注文)
つう(通) [tsû]	für Briefe und E-Mails Bsp. *Hunderte von E-Mails* なんびゃくつう(何百通)[nanbyaku-tsû]もの メール
まい(枚) [mai]	für flache Gegenstände wie Papier, Briefmarken, Fahrkarten Bsp. *40 Briefmarken kaufen* よんじゅうまい(40枚)[yonjû-mai] きって(切手)を かう
さつ(冊) [satsu]	für Bücher, Zeitschriften, Notizhefte, Kataloge in kleiner Menge Bsp. *fünf Hefte kaufen* ごさつ(5冊) [go-satsu] ノート を かう
ぶ(部) [bu]	für Druckerzeugnisse wie Bücher, Zeitschriften und Kataloge. Das Wort entspricht dem deutschen *Exemplar.* Bsp. *10.000 Exemplare (eines Buches) nachdrucken* いちまんぶ(一万部)[ichiman-bu] ほん(本)を ぞうさつ(増刷)する

18A ZUSTIMMUNG UND ABLEHNUNG

1 Ich denke, Sie haben Recht.

2 Ich bin damit vollkommen einverstanden.

3 Ich unterstütze dieses Projekt voll und ganz.

4 Ich stimme Ihnen völlig zu.

5 Ich kann nur zustimmen.

6 Ich unterstütze diesen Vorschlag gerne.

7 Sie haben unsere volle [Unterstützung/Zustimmung].

8 Wir sind dazu bereit, Sie bis zum Schluss zu unterstützen.

9 Das passt uns sehr gut.

10 Ich freue mich, dass wir der gleichen Ansicht sind.

11 Ich freue mich, dass wir uns einigen konnten.

12 [Darin/In diesem Punkt] sind wir uns doch wohl alle einig, oder?

13 Das Geschäft ist abgeschlossen./[Wir sind damit einverstanden./In Ordnung.]

14 Das ist ein Kompromiss, mit dem alle zufrieden sein sollten.

18A さんせいです、さんせいではありません

1 [わたし / わたくし] は あなた が ただしい と おもいます。
[Watashi/Watakushi] wa anata ga tadashii to omoimasu.

2 わたし は ぜんめんてきに さんせいです。
Watashi wa zenmenteki ni sansei desu.

3 わたし は この プロジェクト を ぜんめんてきに しじします。
Watashi wa kono purojekuto o zenmenteki ni shiji shimasu.

4 わたし は まったく さんせいです。
Watashi wa mattaku sansei desu.

5 どういするいがい ありえません。
Dôi suru igai ariemasen.

6 わたし は この ていあん を よろこんで しじします。
Watashi wa kono teian o yorokonde shiji shimasu.

7 あなた は われわれ の ぜんめんてきな [しじ / さんどう] を えています。
Anata wa wareware no zenmenteki na [shiji/sandô] o ete imasu.

8 われわれ は さいごまで あなた を しじする つもり です。
Wareware wa saigo made anata o shiji suru tsumori desu.

9 それ は まったく つごう が いいです。
Sore wa mattaku tsugô ga ii desu.

10 われわれ の けんかい が おなじこと を しり、うれしい です。
Wareware no kenkai ga onaji koto o shiri, ureshii desu.

11 ごうい に たっして、うれしい です。
Gôi ni tasshite, ureshii desu.

12 [これ について / この てん について]、みなさん、さんせい でしょうか。
[Kore ni tsuite/Kono ten ni tsuite], minasan, sansei deshô ka.

13 しょうだんせいりつ です / [しょうちしました / オーケー]。
Shôdan seiritsu desu/[shôchi shimashita/ôkê].

14 まんぞくすべき だきょうあん です。
Manzoku subeki dakyôan desu.

15 Ich kann Ihnen nicht zustimmen.

16 Ich habe meine Bedenken, ob wir Ihnen bis zum Ende folgen können.

17 Ich sehe nicht ein, dass ...

18 Da bin ich mir nicht sicher./Ich weiß nicht, was ich davon halten soll.

19 Es gibt da einige Bedingungen./Ich habe da einige Vorbehalte.

20 So ein Vorgehen schätzen wir nicht besonders./Das ist nicht ganz unproblematisch.

21 Ich sehe bei diesem Vorschlag ein Problem/Probleme.

22 Ich bin damit wirklich nicht einverstanden.

23 Ich fürchte, dass ... doch nicht machbar ist.

24 Ich schließe mich dieser Meinung nicht an.

25 Ich bin nicht Ihrer Meinung.

26 Entschuldigen Sie, aber ich [kann dem nicht zustimmen/bin dagegen].

27 Ich muss Ihren Vorschlag ablehnen.

28 Ehrlich gesagt bin ich gegen das Projekt.

18A さんせいです、さんせいではありません

15 あなた に さんせいする じしん が ありません。
Anata ni sansei suru jishin ga arimasen.

16 さいごまで あなた に したがう じしん が ありません。
Saigo made anata ni shitagau jishin ga arimasen.

17 … ということに すっかり なっとくしていません。
... to iu koto ni sukkari nattoku shite imasen.

18 それについて は じしん が ありません。/ どのように かんがえたらよいか、わかりません。
Sore ni tsuite wa jishin ga arimasen./Dono yô ni kangaetara yoi ka, wakarimasen.

19 いくつか じょうけん が あります。
Ikutsu ka jôken ga arimasu.

20 そうしたことは あまり すきでは ありません。/ それ は しょうしょう こまります。
Sô shita koto wa amari suki dewa arimasen./Sore wa shôshô komarimasu.

21 この ていあん は わたし にとって もんだい が あります。
Kono teian wa watashi ni totte mondai ga arimasu.

22 わたし は ほんとうに さんせいでは ありません。
Watashi wa hontô ni sansei dewa arimasen.

23 … できないのではないか と、しんぱいしています。
... dekinai no dewa nai ka to, shinpai shite imasu.

24 [わたし / わたくし] は この いけん に さんせい では ありません。
[Watashi/Watakushi] wa kono iken ni sansei dewa arimasen.

25 [わたし / わたくし] は あなたと おなじ けんかい では ありません。
[Watashi/Watakushi] wa anata to onaji kenkai dewa arimasen.

26 もうしわけありませんが、わたしは [さんせい できません / はんたいです]。
Môshi wake arimasen ga, watashi wa [sansei dekimasen/hantai desu].

27 あなた の ていあん を おことわり せざるをえません。
Anata no teian o o-kotowari sezaru o emasen.

28 そっちょく に いって、わたし は この プロジェクト に はんたい です。
Sotchoku ni itte, watashi wa kono purojekuto ni hantai desu.

18A ZUSTIMMUNG UND ABLEHNUNG
Anmerkungen

2 *einverstanden sein* さんせい（賛成）だ、 どういけん（同意見）だ → man verwendet auch die Ausdrücke: さんせい（賛成）する、しょうち（承知）する; *vollkommen/gänzlich* ぜんめんてき（全面的）に → *ganz* ぜんめんてき（全面的）な

3 *unterstützen* しじ（支持）する; *Projekt* プロジェクト、きかく（企画）、けいかく（計画）

5 *zustimmen* どうい（同意）する

8 *werden; bereit sein, zu tun…* する ［つもり / かくご（覚悟）］だ

9 *jemandem passen…* にとって つごう（都合）がいい

10 *Ansicht* けんかい（見解）、いけん（意見）= *Meinung*

11 *sich einigen* ごうい（合意）に たっする

13 *das Geschäft ist abgeschlossen* しょうだんせいりつ（商談成立）だ → しょうだん *geschäftliche Verhandlung*; *o.k.* オーケー (O.K.).

14 *Kompromiss* ① だきょう（妥協）、② だきょうあん（妥協案）beschreibt eher den Inhalt des Kompromisses und weniger die Handlung. AUFGEPASST! Das Wort だきょう bedeutet eher *„Überlassung"*, man sollte daher vor Freinden besser せっしょう（折衝）*Verhandlung* oder せっしょうあん（折衝案）verwenden

17 *einsehen…* を なっとく（納得）する

19 *Bedingung* じょうけん（条件）→ *Vorbehalt* りゅうほ（留保）、ほりゅう（保留）↔ *ohne Bedingungen* むじょうけん（無条件）で

23 *fürchten, dass … doch nicht machbar ist…* できないのではないかと ［おそれる / しんぱい（心配）する / おもう（思う）］

26 *Entschuldigen Sie, aber…* もうしわけ（申し訳）ありませんが、…; *dagegen sein* はんたい（反対）だ → はんたい（反対）する *widersprechen*

27 *Ich muss…* （せ）ざるをえない; *ablehnen* ことわる → おことわりする Siehe S. 63.

AUFGEPASST! Bei allen Sätzen in diesem Kapitel kann man je nach Kontext auch おんしゃ（御社）*Ihr Unternehmen* anstelle von *Sie* あなた verwenden, ebenso wie とうしゃ（当社）oder わがしゃ（我社）*unser Unternehmen* anstelle von *wir* われわれ.

KULTUR

Der Gebrauch von Siegeln いんかん（印鑑）[inkan] ist in Japan sehr verbreitet. Ursprünglich aus dem antiken Mesopotamien stammend wurde das Siegel im 1. Jahrhundert über China nach Japan eingeführt.
In Japan wird das Siegel als Schlüssel des Glücks angesehen, es gibt sogar spezielle Studien zu diesem Thema. In darauf spezialisierten Geschäften wird die Strichzahl der chinesischen Schriftzeichen, aus denen der Nach- oder Vorname der betreffenden Person besteht, im Zusammenhang mit dem Geburtsdatum analysiert, um dann das Material und den zu verwendenden Schriftstil des Siegels festlegen zu können. In der Hoffnung auf Glück geben viele Japaner Unsummen für ein schönes, handgeschnitztes Siegel aus gutem Material wie Elfenbein, Bergkristall, Sandel- oder Ebenholz etc. aus, obwohl auch eine große Auswahl an vorgefertigten Siegeln in Schreibwarenläden angeboten wird.
Obwohl man auch in Japan die Unterschrift kennt, spielt das Siegel für die Gültigkeit offizieller Dokumente eine sehr wichtige Rolle. Es wird daher nicht nur von Einzelpersonen verwendet sondern auch von Geschäften und Personen im juristischen Sinn. Es ist gang und gäbe für die verschiedenen Gebrauchssituationen verschiedene Siegel zu besitzen: じついん（実印）[jitsu-in] für offizielle Dokumente wie Verträge, notarielle Urkunden, Kraftfahrzeugbriefe etc., ぎんこういん（銀行印）[ginkô-in] für Bankgeschäfte, Schecks oder Wechsel, みとめいん（認印）[mitome-in] für den Gebrauch zu Hause, also z. B. beim Empfang von Einschreiben oder Paketen、しごといん（仕事印）[shigoto-in] für den Gebrauch im Büro. Unternehmen besitzen normalerweise ein だいひょうしゃいん（代表者印）[daihyôsha-in], das dem じついん（実印）von Einzelpersonen entspricht, ferner ein Siegel für die Bank und ein かくいん（角印）[kaku-in] , ein Siegel für den normalen Gebrauch, um Rechnungen oder Empfangsbestätigungen abzuzeichnen etc.
Das じついん（実印）muss auf dem Rathaus, das auch das Einwohnermelderegister verwaltet, registriert und für gültig erklärt werden. Gegebenenfalls stellt das Rathaus auch eine *Registrierbestätigung* いんかんしょうめい（印鑑証明）[inkan shômei] aus. Die だいひょうしゃいん（代表者印）der Unternehmen werden von dem jeweiligen Regionalbüro des Justizministeriums registriert.

18B ENTGEGENKOMMEN/ ENTSCHLOSSENHEIT ZEIGEN

1 Ich stimme Ihnen [bis zu einem gewissen Grad/teilweise] zu.

2 Einverstanden/Wir werden uns irgendwie darauf einrichten.

3 [Unter der Bedingung, dass .../Wenn ...], werden wir das überdenken.

4 [Ich verstehe, was Sie sagen wollen/Ich verstehe Sie gut], aber ...

5 Für uns wären die Dinge einfacher, wenn Ihre Firma ...

6 Wir sind bereit, Ihnen ein Stück entgegenzukommen.

7 Wir wollen Ihnen in diesem Punkt teilweise folgen.

8 Ich verstehe, was Sie meinen, aber haben Sie ... bedacht.

9 Diesen Punkt möchten wir genau überdenken.

10 Angenommen, wir bieten Ihnen ... an.

11 Können Sie das noch einmal so erklären, dass ...?

12 Wir akzeptieren jederzeit ...

13 Das ist es, was wir unsererseits machen können.

14 Wir sind dazu bereit, unseren Vorschlag abzuändern.

15 Wir brauchen dazu etwas Zeit.

18B [きょうちょうてき に / きょうこう に] みせる

1 わたし は [あるていど まで / ぶぶんてきに] さんせい です。
Watashi wa [aru teido made/bubunteki ni] sansei desu.

2 しょうちしましょう / なんとか つごう を つけましょう。
Shôchi shimashô/Nantoka tsugô o tsukemashô.

3 [… という じょうけん で / … であれば]、それについて けんとうしましょう。
[... to iu jôken de/ ... de areba], sore ni tsuite kentô shimashô.

4 [おっしゃりたいこと は わかります / よく わかります]が、… 。
[Osshaitai koto wa wakarimasu/Yoku wakarimasu] ga, ...

5 もし、おんしゃ が … であれば、わたくしども にとって、じたい は もっと ようい に なるのですが。
Moshi, onsha ga ... de areba, watakushi domo ni totte, jitai wa motto yôi ni naru no desu ga.

6 わたくしども には あゆみよる ようい が あります。
Watakushi domo niwa ayumiyoru yôi ga arimasu.

7 この てん について、ぶぶんてきに あなた に したがう つもり です。
Kono ten ni tsuite, bubunteki ni anata ni shitagau tsumori desu.

8 おはなし は わかりますが、あなたは … を こうりょしましたか。
O-hanashi wa wakarimasu ga, anata wa ... o kôryo shimashita ka.

9 それ について、じっくり けんとうしたい と おもいます。
Sore ni tsuite, jikkuri kentô shitai to omoimasu.

10 わがしゃ が … を ていきょうする と かていしましょう。
Wagasha ga ... o teikyô suru to katei shimashô.

11 … [である / する]ように、それ を もういちど せつめいすること が できますか。
... [de aru/suru] yô ni, sore o mô ichido setsumei suru koto ga dekimasu ka.

12 とうしゃ は いつでも … に おうじます。
Tôsha wa itsu demo ... ni ôjimasu.

13 これ が、とうしゃ として できること です。
Kore ga, tôsha to shite dekiru koto desu.

14 とうしゃ は ていあん を しゅうせいする ようい が あります。
Tôsha wa teian o shûsei suru yôi ga arimasu.

15 それについては、あるていど の じかん を かける ひつよう が あります。
Sore ni tsuite wa, aru teido no jikan o kakeru hitsuyô ga arimasu.

16 Wir sind bereit, das zu akzeptieren, aber ...

17 Unter den derzeitigen Umständen fällt es uns schwer, das zu [akzeptieren/unterstützen].

18 Ich bin überzeugt, dass wir einen Kompromiss finden werden.

19 Ich [bin vollkommen dagegen/habe dagegen meine ausdrücklichen Einwände].

20 Das ist völlig inakzeptabel.

21 Das entspricht in keiner Weise unseren Erwartungen.

22 Entschuldigen Sie, aber das kommt nicht in Frage.

23 Es macht keinen Sinn, unser Gespräch fortzusetzen.

24 Auf diesem Niveau kann ich nicht weiter verhandeln.

25 Das ist Zeitverschwendung.

26 Ich kann [Ihnen da nicht folgen/das nicht akzeptieren].

27 Unser Vorstand wird dem auf keinen Fall zustimmen.

28 Das kommt nicht in Frage./Der Lösungsvorschlag ist ausgeschlossen.

29 Machen Sie bitte keine Witze.

30 Glauben Sie nicht, dass ... ?

18B [きょうちょうてき に / きょうこう に] みせる

16 わたくしども には どういする ようい が ありますが、… 。
Watakushi domo niwa dôi suru yôi ga arimasu ga, …

17 げんじょう の まま [どういする / しょうにんする] ことは、わたくしども には ためらわれます。
Genjô no mama [dôi suru/shônin suru] koto wa, watakushi domo niwa tamerawaremasu.

18 だきょう に たっすることができる と わたし は かくしんしています。
Dakyô ni tassuru koto ga dekiru to watashi wa kakushin shite imasu.

19 わたし は [ぜんめんてき に はんたいです / だんこたる いぎ を となえます]。
Watashi wa [zenmenteki ni hantai desu/dankotaru igi o tonaemasu].

20 それ は まったく うけいれがたい です。
Sore wa mattaku uke´ire gatai desu.

21 それ は とうしゃ が きたいしていたものとは、はるかに ちがいます。
Sore wa tôsha ga kitai shite ita mono towa, haruka ni chigaimasu.

22 もうしわけありませんが、それ は もんだいがい です。
Môshi wake arimasen ga, sore wa mondaigai desu.

23 はなしあい を つづける いみ が ありません。
Hanashiai o tsuzukeru imi ga arimasen.

24 わたくしども は この レベル では、こうしょうできません。
Watakushi domo wa kono reberu dewa, kôshô dekimasen.

25 じかん の むだだ と おもいます。
Jikan no muda da to omoimasu.

26 [あなた に したがう こと / それ について しょうちする こと] は ぜったいに できません。
[Anata ni shitagau koto/Sore nit suite shôchi suru koto] wa zettai ni dekimasen.

27 とうしゃ の とりしまりやくかい は けっして しょうにんしないでしょう。
Tôsha no torishimari yakukai wa kesshite shônin shinai deshô.

28 これ は もんだいがい です / この かいけつあん は はいじょしなければなりません。
Kore wa mondaigai desu/ Kono kaiketsuan wa haijo shinakereba narimasen.

29 じょうだん を いわないでください。
Jôdan o iwanaide kudasai.

30 あなた は … と おもいませんか。
Anata wa … to omoimasen ka.

18B ENTGEGENKOMMEN/ENTSCHLOSSENHEIT ZEIGEN
Anmerkungen

1 *bis zu einem gewissen Grad* ある　ていど（程度）まで; *teilweise* ぶぶんてき（部分的）に

2 *einverstanden sein* しょうち（承知）する、しょうにん（承認）する、どうい（同意）する; *sich damit arrangieren* なんとか　つごう（都合）を　つける

3 *bereit sein zu* ... ① ... する [つもり / かくご(覚悟)]だ = wenn das Subjekt *ich* ist, ② ... する ようい(用意)がある = wenn das Subjekt *wir* ist; *unter der Voraussetzung, dass ..., bereit sein zu* ...... という じょうけん(条件)で、... しましょう; *überprüfen* けんとう(検討)する = *untersuchen, um zu einem Entschluss zu gelangen*

4 おっしゃる ist die respektvolle Variante für いう(言う) *sagen*.

5 *die Dinge* (Pl.) じたい(事態)、じょうせい(情勢); *einfach* ようい(容易)な. Die Partikel が lässt die Bedeutung des Satzes offen. Der Sprecher umgeht es somit, seine eigenen Ideen dem Hörer aufzuzwingen. ↔ 4 & 16 Hier hat die Partikel が eine andere Bedeutung: „*aber*“ oder „*jedoch*“.

6 *jemandem entgegenkommen* あゆみよる(歩み寄る)

8 *bedenken*... を　こうりょ(考慮)する

9 *genau überdenken* [を / について] じっくり けんとう(検討)する

10 *angenommen, dass*... であると、かてい(仮定)する; *anbieten* ていきょう(提供)する

11 *noch einmal erklären* もういちど　せつめい(説明)する; *so dass*... するように / ... であるように

12 *jederzeit akzeptieren* いつでも ... に おうじる(応じる)

13 として = *für, was ... betrifft*, man benutzt den Ausdruck, um das Subjekt *wir* zu betonen.

14 *ändern* しゅうせい(修正)する

17 *es fällt schwer zu*... するのは　ためらわれる; *unter den derzeitigen Umständen* げんじょう(現状)の　まま

18 *überzeugt sein, dass* ... を　かくしん(確信)する; *einen Kompromiss finden* だきょう(妥協)に　たっする

19 *dagegen sein* はんたい(反対)だ; *Einwände haben* いぎ(異議)を　となえる

20 *völlig* まったく; *inakzeptabel* うけいれがたい(受け入れがたい)

22 *Entschuldigen Sie, aber* ..., um eine Ablehnung einzuleiten: もうしわけありませんが、... 。; *nicht in Frage kommen* もんだいがい(問題外)の

24 *verhandeln* こうしょう(交渉)する

25 *Zeit verschwenden* じかん(時間)を　むだ(無駄)にする

27 *Vorstand* とりしまりやくかい(取締役会)

18B ［きょうちょうてき に / きょうこう に］ みせる
Anmerkungen

28 *ausschließen* はいじょ（排除）する; *Lösung* かいけつ（解決）、かいけつあん（解決案）= → かいけつほう（解決法）= *Lösungsfindung*

KULTUR: Gutes Benehmen

Obwohl natürlich die Qualität der Arbeit zählt, ist es in Japan ebenso wichtig, dass man sich im Büro gut zu benehmen weiß. Das gute Verhalten ist eine Art, unter Einhaltung der firmeninternen und externen Hierarchiestufen den anderen gegenüber seinen Respekt auszudrücken. Unter gutes Benehmen fällt das Beherrschen der Höflichkeitssprache, der Austausch von Glückwunschkarten, die Art und Weise sich zu kleiden und zu schminken, die Art und Weise, wie man Visitenkarten überreicht, wie man am Telefon spricht etc. Diese Regeln sind sehr zahlreich und als Ausländer brauchen Sie sie nicht von Anfang an gleich strikt zu befolgen. Es wird reichen, wenn Sie sich gegebenenfalls bei einem japanischen Kollegen oder Ihrem Vorgesetzten Rat einholen.
Wo man Platz nimmt, gehört ebenfalls zum guten Benehmen. Die folgenden Informationen werden Ihnen helfen, die wichtigsten Persönlichkeiten in einem Raum zu erkennen, indem Sie den obersten Platz かみざ（上座） [kamiza] und den geringsten Platz しもざ（下座） [shimoza] bestimmen können.

Hier einige Beispiele:

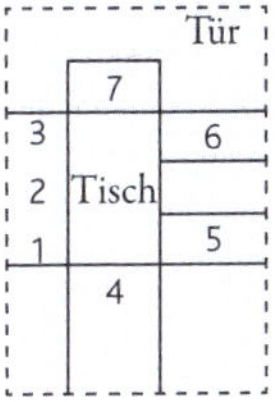

Man sitzt entsprechend der Nummerierung wie folgt (das Sofa steht oft im hinteren Teil eines Raums). Normalerweise ist der かみざ (1–3) im hinteren Teil des Raums, während die しもざ (6 und 7) sich in der Nähe der Tür befinden. Wenn man Gäste wie z.B. Kunden empfängt, bietet man der ranghöchsten Person den besten Platz かみざ an, und der jüngsten oder rangniedersten bzw. dem Veranstalter den schlechtesten Platz しもざ.

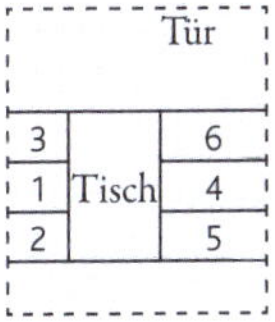

Wenn drei Personen des Unternehmens A drei Personen des Unternehmens B empfangen, bietet einer der Gastgeber den Gästen die Plätze 1 bis 3 an, während die Gastgeber selbst die Plätze 4-6 einnehmen Bei dieser Aufteilung sitzen die wichtigsten Personen von beiden Unternehmen in der Mitte..

Im Auto:

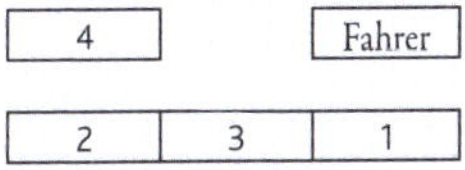

Die wichtigste Person sitzt hinter dem Fahrer.

19 DANK/ENTSCHULDIGUNG

1 Ihnen allen vielen Dank.

2 Nochmals vielen Dank für ...

3 Ich möchte [Dir/Ihnen/Ihnen allen] für die [Einsatzbereitschaft/Zusammenarbeit] danken.

4 Vielen Dank, dass Sie gekommen sind.

5 Im Namen der [Geschäftsführung/Firma] möchte ich Ihnen meinen Dank aussprechen.

6 Anstelle der Geschäftsführung möchte ich Ihnen meinen Dank aussprechen.

7 Ich darf Ihnen den Dank der Geschäftsführung aussprechen.

8 Im Namen unseres Büros möchte ich (Herrn/Frau) ... meinen Dank bekunden.

9 Ich möchte mich besonders bei (Herrn/Frau) ... bedanken. Sein/Ihr ehrenamtliches Engagement war ...

10 Mein Dank gilt auch all denen, die ...

11 Lobenswert erwähnen möchte ich besonders das Verkaufsteam, das ...

12 Nicht zu vergessen all die Mitarbeiter, die ...

13 Ihnen allen ist es zu verdanken, dass wir ein solches Ergebnis erzielen konnten.

14 Ihre Unterstützung ermöglichte ...

19 おれい / おわび

1 みなさん、ありがとうございます。
Mina-san, arigatô gozaimasu.

2 … について、かさねて　おれいもうしあげます。
... ni tsuite, kasanete o-rei môshiagemasu.

3 [あなた / あなたがた / みなさん] の [ごけんしん / ごきょうりょく] にたいし、おれいもうしあげます。
[Anata/Anata-gata/Mina-san] no [go-kenshin/go-kyôryoku] ni tai shi, o-rei môshiagemasu.

4 ごしゅっせき　いただき、ありがとうございます。
Go-shusseki itadaki, arigatô gozaimasu.

5 [けいえいじん / かいしゃ] を　だいひょうして、おれい　を　もうしあげます。
[Keieijin/Kaisha] o daihyô shite, o-rei o môshiagemasu.

6 けいえいじん　に　かわり、わたくし　が　おれい　を　もうしあげます。
Keieijin ni kawari, watakushi ga o-rei o môshiagemasu.

7 けいえいじん　に　かわり、わたくし　が　おれい　を　もうしあげます。
Keieijin ni kawari, watakushi ga o-rei o môshiagemasu.

8 オフィス　から、…（さん）へ　の　かんしゃ　を　わたし　が　しめしたい　と　おもいます。
Ofisu kara, ...(san) e no kansha o watashi ga shimeshitai to omoimasu.

9 とくに　…（さん）に　[かんしゃ　いたします / おれい　もうしあげます]。その　ボランティア　の　しごと　は　…　でした。
Toku ni ... (san) ni [kansha itashimasu/o-rei môshiagemasu]. Sono borantia no shigoto wa ... deshita.

10 … であった、みなさん　に　どうように　おれい　もうしあげます。
... de atta, mina-san ni dôyô ni o-rei môshiagemasu.

11 … であった、えいぎょう　チーム　に　とくに　けいい　を　ひょうします。
... de atta, eigyô chîmu ni toku ni keii o hyô shimasu.

12 … した、スタッフ　の　かたがた　を　わすれてはなりません。
... shita, sutaffu no katagata o wasurete wa narimasen.

13 あなたがた　の　おかげで、　われわれ　は　このような　ぎょうせき　を　えることができました。
Anata-gata no o-kage de, wareware wa kono yô na gyôseki o eru koto ga dekimashita.

14 あなた　の　ごしえん　が　…　を　かのうにしました。
Anata no go-shien ga ... o kanô ni shimashita.

15 Ihr Beitrag war für unsere Firma von großer Bedeutung.

16 Wir schätzen ...

17 Wir schätzen besonders ...

18 Wir wissen um die Schwierigkeiten, mit denen Sie zu kämpfen hatten.

19 Diese Arbeit wäre ohne ... unmöglich gewesen.

20 Ich möchte Ihnen von ganzem Herzen zur Beförderung gratulieren.

21 Ich freue mich, Ihnen ... als Geschenk überreichen zu können.

22 Entschuldigen Sie.

23 Entschuldigen Sie die Verspätung.

24 Ich möchte mich hiermit nochmals für ... entschuldigen.

25 Wegen eines Meetings, das ..., kam ich zu spät zur Zentrale.

26 X lässt sich entschuldigen.

27 Ich kann am nächsten Meeting nicht teilnehmen.

28 Wegen einer aktuellen Umstrukturierung unserer Abteilung ...

29 Wir müssen das für den 8. März anberaumte Meeting leider verschieben.

15 あなた の ごこうけん は とうしゃ にとって、きちょう であリました。
Anata no go-kôken wa tôsha ni totte, kichô de arimashita.

16 われわれ は … を せいとうに たかく ひょうかしております。
Wareware wa ... o seitô ni takaku hyôka shite orimasu.

17 われわれ は とくに … をたかく ひょうかしております。
Wareware wa toku ni ... o takaku hyôka shite orimasu.

18 われわれ は あなた が … にあたり、けいけんされた こんなん を じゅうぶん しょうちしています。
Wareware wa anata ga ... ni atari, keiken sareta konnan o jûbun shôchi shite imasu.

19 この しごと は … なしでは、ふかのう だったはず です。
Kono shigoto wa ... nashi dewa, fukanô datta hazu desu.

20 しょうしん、おめでとう ございます。
Shôshin, omedetô gozaimasu.

21 あなた に … を おくること を、うれしく おもいます。
Anata ni ... o okuru koto o, ureshiku omoimasu.

22 もうしわけありません。/ すみません。
Môshi wake arimasen./Sumimasen.

23 おくれてしまい、もうしわけありません。
Okurete shimai, môshi wake arimasen.

24 … について、あらためて おわび もうしあげます。
... ni tsuite, aratamete o-wabi môshiagemasu.

25 …した かいぎ のために、ほんしゃ へ おくれてしまいました。
... shita kaigi no tame ni, honsha e okurete shimaimashita.

26 X が おわび を もうしあげています。
X ga o-wabi o môshiagete imasu.

27 わたし は じかい の かいぎ に しゅっせきできません。
Watashi wa jikai no kaigi ni shusseki dekimasen.

28 とう ぶもん で しんこうちゅう の さいへん の ために、… 。
Tô bumon de shinkô-chû no saihen no tame ni, ...

29 とうしょ、さんがつ ようか に よていされていた かいぎ を やむをえず えんきします。
Tôsha, sangatsu yôka ni yotei sarete ita kaigi o yamu o ezu enki shimasu.

19 DANK/ENTSCHULDIGUNG
Anmerkungen

1 *danke* ありがとう; *danke schön* どうも　ありがとう. Um höflicher zu sein, fügt man ございます an. *Herzlichen Dank.* どうも　ありがとうございます

2 *Vielen Dank für…* (を)ありがとう(ございます). Die Partikel を, die in diesem Ausdruck das Objekt des Dankes angibt, wird oft ausgelassen. Für andere Ergänzungen wie *im Namen von, von Seiten …* sagt man: … (について　/　にたいし)[おれい(お礼)もうしあげます　/　かんしゃ(感謝)いたします]. もうしあげる und いたす sind bescheidene Varianten von いう *sagen* bzw. する *machen.*

3 *Einsatzbereitschaft* けんしん(献身); *Zusammenarbeit* きょうりょく(協力); *Sie* あなたがた ist höflicher als あなたたち

3, 4, 14 & 15 Das Präfix der Höflichkeit ご drückt hier den Respekt gegenüber der Person aus, welche die dankenswerte Handlung ausgeführt hat, während das Präfix お in おれい *Dank* und in おわび *Entschuldigung* in den Sätzen 3, 5, 6, 7, 9, 10, 24 & 26 im Zusammenspiel mit もうします, der bescheidenen Variante von *sagen*, die Bescheidenheit des Sprechers ausdrückt.

4 *Anwesenheit* しゅっせき(出席) Auf Japanisch verwendet man für *Ihr Kommen*: ご　しゅっせき(出席)いただく. Siehe S. 51.

5 *Ich danke Ihnen im Namen von …* を　だいひょう(代表)して、おれい もうしあげます; *Geschäftsführung* けいえいじん(経営陣); *Firma* かいしゃ(会社)

8 *seinen Dank bekunden* かんしゃ(感謝)を　しめす

11 *Lobenswert erwähnen möchte ich…* とくに　… に　けいい(敬意)を　ひょうする

12 かたがた(方々) ist die höfliche Variante von ひとびと(人々) oder ひとたち(人達)

14 *Unterstützung* しえん(支援); *ermöglichen* することを　かのう(可能)にする

15 *Beitrag* こうけん(貢献)

16 & 17 *wertschätzen* たかく　ひょうか(評価)する. … ている(… ております: die bescheidene Variante) beschreibt den Nachzustand einer Handlung.

20 *herzlichen Glückwunsch/ich gratuliere…* おめでとうございます. Im Japanischen wird das Subjekt normalerweise ausgelassen; *Beförderung* しょうしん(昇進)

22 すみません *Entschuldigung* ist weniger formell als もうしわけありません

23 & 25 Mit der Konstruktion „… てしまう" (bestehend aus て + dem Hilfsverb しまう) drückt der Sprecher sein Bedauern aus.

27 *am Meeting teilnehmen* かいぎ(会議)に しゅっせき(出席)する
28 *Wegen...* の ために/... の りゆう(理由)で; *Umstrukturierung* さいへん(再編); *gerade andauernd* しんこうちゅう(進行中)の; das Zeichen とう(当) bedeutet *dieser, der Betreffende, unser* → とうしゃ(当社) *unsere Firma*, とうぶもん(当部門) *unser Bereich*
29 *müssen* やむをえず ... する

AUFGEPASST! Das Wort *Sie* wird je nach Kontext anders übersetzt: あなた oder あなたがた oder みなさん. Das gleiche gilt für das Wort *wir*: とうしゃ(当社) oder わがしゃ(我社) oder われわれ. Gegenüber Kunden oder gegenüber Angehörigen eines anderen Unternehmens sollte man besser わたくしども verwenden. われわれ wird unter Angestellten des gleichen Unternehmens verwendet.

BEMERKUNG

すみません [sumimasen] ist ein sehr geläufiger Ausdruck, den man mit *Entschuldigung* oder *Entschuldigen Sie* übersetzen kann.
Japaner verwenden ihn jedoch auch, wenn sie sich für ein Geschenk oder einen Gefallen bedanken. Sie drücken ihren Dank aus, indem sie sich entschuldigen, eine solche Freundlichkeit nicht verdient zu haben. Wenn Japaner ein Geschenk überreichen, sagen sie: つまらないものですが、どうぞ。 *Bitteschön, aber es ist nichts Besonderes.* Dieser Ausdruck soll dem Gesprächspartner mitteilen: *Ich möchte Sie mit meinem nichtigen Geschenk nicht in Verlegenheit bringen.*
Diese Floskeln sind auch für Japaner sehr formell. Im Gespräch unter sich nahestehenden Personen, innerhalb der Familie oder unter Freunden werden sie daher seltener verwendet. Als Ausländer braucht man sie auch nicht zu beherrschen. Aus der Ausdrucksweise sollte man nur die typisch japanische, traditionelle Tugend der Bescheidenheit heraushören können.
すみません benutzt man wie deutsch *Entschuldigung* auch, um die Aufmerksamkeit anderer auf sich zu ziehen bzw. um nicht mit der Tür ins Haus zu fallen, vor allem wenn man andere um einen Gefallen bittet: すみませんが、... (し)てください [sumimasen ga ... (shi)te kudasai].

20 KARRIERE UND LEBENSLAUF

1 Ich habe meine Erfahrungen vor Ort gesammelt.

2 Ich habe auf einer Fachschule für [Verkauf/Handel] gelernt.

3 Ich habe ein sechsköpfiges Verkaufsteam geleitet.

4 Ich war Verkäufer in einem großen Kaufhaus.

5 Ich verfüge über reichliche Erfahrungen im Verkauf.

6 Ich habe für [ein Versandhaus/ein Internet-Auktionshaus] gearbeitet.

7 Ich war im Telemarketing tätig.

8 Ich war Vertreter für ...

9 Ich habe im Bereich Kundenbetreuung gearbeitet.

10 Ich habe den After Sales neu organisiert.

11 Ich verfüge über zehnjährige Erfahrung als Vertreter.

12 Ich bin bereit, mich ganz und gar dafür einzusetzen.

13 Ich habe den Umsatz um 5 Prozent erhöht.

14 Ich bewerbe mich um die Stelle des Verkaufsleiters.

15 Ich war Einkäufer für ein großes Kaufhaus.

16 Ich habe mit 18 in diesem Beruf angefangen.

20 キャリア、りれきしょ

1 わたくし は げんば で けいけん を つみました。
Watakushi wa genba de keiken o tsumimashita.

2 わたくし は [はんばい / しょうぎょう] せんもん がっこう で べんきょうしました。
Watakushi wa [hanbai/shôgyô] senmon gakkô de benkyô shimashita.

3 ろくめい の はんばいいん の チーム を しきしていました。
Rokumei no hanbai´in no chîmu o shiki shite imashita.

4 ひゃっかてん で はんばい を していました。
Hyakkaten de hanbai o shite imashita.

5 わたくし は はんばい について、けいけんほうふ です。
Watakushi wa hanbai ni tsuite, keiken hôfu desu.

6 わたくし は [つうしんはんばい の かいしゃ / ネットオークション の サイト] で はたらいていました。
Watakushi wa [tsûshin hanbai no kaisha/ netto ôkushon no saito] de hataraite imashita.

7 テレマーケティング を していました。
Teremâketingu o shite imashita.

8 … の えいぎょう を していました。
… no eigyô o shite imashita.

9 わたくし は こきゃくサービス ぶもん で はたらいていました。
Watakushi wa kokyaku sâbisu bumon de hataraite imashita.

10 わたくし は アフターサービス ぶもん を さいへんせい しました。
Watakushi wa afutâ sâbisu bumon o saihensei shimashita.

11 わたくし は ほうもんはんばい について じゅうねん の けいけんがあります。
Watakushi wa hômon hanbai ni tsuite jûnen no keiken ga arimasu.

12 ぜんりょく を つくす、つもり です。
Zenryoku o tsukusu, tsumori desu.

13 わたくし は うりあげ を ごパーセント ぞうかさせました。
Watakushi wa uriage o go-pâsento zôka sasemashita.

14 はんばい せきにんしゃ の ポスト に おうぼします。
Hanbai sekininsha no posuto ni ôbo shimasu.

15 わたくし は ひゃっかてん の バイヤー でした。
Watakushi wa hyakkaten no baiyâ deshita.

16 わたくし は じゅうはっさい で この しごと を はじめました。
Watakushi wa jûhassai de kono shigoto o hajimemashita.

17 Ich bekam einen Grundlohn plus Provision.

18 Ich habe den Verkaufsstand organisiert.

19 Ich habe dazu beigetragen, dass sich die Ausstellungsfläche unserer Produkte vergrößert hat.

20 Ich war der Leiter [der Verkaufsstelle/für die Artikel] ...

21 Ich habe bei ... als Verkaufsmitarbeiter gelernt.

22 Ich habe mich auf Kundenbesuche spezialisiert.

23 Ich habe etliche [Empfehlungen/Referenzen], was mein Talent als Verkäufer betrifft.

24 Ich habe etliche Ausstellungen organisiert, aber mein eigentliches Aufgabengebiet war der Verkauf.

25 Innerhalb von zwei Jahren habe ich mehr als 100 Firmen als Neukunden gewonnen.

26 Ich war mit dem Aufbau unseres Netzwerks betraut.

27 Ich habe etliche Großkunden langfristig gewinnen können.

28 Ich war für [die Verkaufsförderung/die Einstellung von Verkäufern/die Verkaufsschulungen] verantwortlich.

29 Ich habe viel an Firmenkunden verkauft.

20 キャリア、りれきしょ

17 わたくし は きゅうりょう と コッミッション を うけとっていました。
Watakushi wa kyûryô to kommisshon o uketotte imashita.

18 スタンド を そしきしたのは、わたくし です。
Sutando o soshiki shita no wa, watakushi desu.

19 わたくし は せいひん の ちんれつめんせき を ぞうかさせるのに、こうけんしました。
Watakushi wa seihin no chinretsu menseki o zôka saseru noni, kôken shimashita.

20 わたくし は … の [うりば しゅにん / せいひん しゅにん] でした。
Watakushi wa … no [uriba shunin/seihin shunin] deshita.

21 わたくし は … で はんばいいん として じっしゅうしました。
Watakushi wa … de hanbai´in to shite jisshû shimashita.

22 わたくし は ほうもんはんばい の スペシャリスト です。
Watakushi wa hômon hanbai no supesharisuto desu.

23 わたくし の はんばいいん としての そしつ について、いくつか の [すいせん / しょうかいさき] が あります。
Watakushi no hanbai´in to shite no soshitsu ni tsuite, ikutsu no [suisen/shôkaisaki] ga arimasu.

24 てんじかい を いくつか そしきしましたが、わたくし の ほんとう の しごと は はんばい です。
Tenjikai o ikutsu ka soshiki shimashita ga, watakushi no hontô no shigoto wa hanbai desu.

25 にねんかん で、わたくし は ひゃく いじょう の しんき ほうじんこきゃく を かいたくしました。
Ninenkan de, watakushi wa hyaku ijô no shinki hôjin kokyaku o kaitaku shimashita.

26 ネットワーク の かいたく を たんとうしていました。
Nettowâku no kaitaku o tantô shite imashita.

27 わたくし は いくつか の おおぐちこきゃく を こていかしました。
Watakushi wa ikutsu ka no ôguchi kokyaku o koteika shimashita.

28 わたくし は [はんばい そくしん / はんばいいん の さいよう / えいぎょう けんしゅう] を たんとうしていました。
Watakushi wa [hanbai sokushin/hanbai´in no saiyô/eigyô kenshû] o tantô shite imashita.

29 わたくし は きぎょう への はんばい を かずおおく おこないました。
Watakushi wa kigyô e no hanbai o kazu ôku okonaimashita.

1 *vor Ort* げんば(現場)で

3 *ein Team leiten* チーム を しき(指揮)する

4 *Verkäufer/Verkäuferin* はんばいいん(販売員) Wenn man von einer vergangenen Tätigkeit spricht, klingt im Japanischen: はんばい(販売)を していました *ich war im Verkauf tätig* natürlicher.

5 *über reichlich Erfahrung in ... verfügen* … [の / について] けいけん(経験)が ほうふ(豊富)だ

6, 7 & 8 Wenn man über eine gemachte „Erfahrung“ spricht, sagt man: ... したことがあります/ … の けいけん(経験)が あります

8 *Vertreter für ... sein* …の えいぎょう(営業)を する / …の セールスマン だ

10 *umstrukturieren* さいへんせい(再編成)する、さいへん(再編)する

11 *über ...-jährige Erfahrung im Bereich ... verfügen*… について … ねんの けいけん (経験)がある; *Vertreterbesuch* ほんもんはんばい(訪問販売)

13 *Umsatz* うりあげ(売上)

14 *sich um die Stelle als ... bewerben* … の ポスト に おうぼ(応募)する → *Bewerber(in)* おうぼしゃ(応募者)、しがんしゃ(志願者); *Verantwortlicher* せきにんしゃ(責任者)

16 *Beruf* しごと(仕事)

17 *Lohn* きゅうりょう(給料); *Provision* コミッション

18 *organisieren* そしき(組織)する

19 *Ausstellungsfläche* ちんれつめんせき(陳列面積) → *Regal* ちんれつだな(陳列棚) ↔ *Verkaufsfläche* うりばめんせき(売場面積)

20 *Leiter* しゅにん(主任)

22 *sich spezialisiert haben auf*… の スペシャリストだ / … を せんもん(専門)とする

23 Im Japanischen benutzt man eher すいせん(推薦) *Empfehlungsschreiben* oder しょうかいさき(照会先) *Referenz* anstelle von *Arbeitszeugnis* しょうめい(証明); *Talent, Qualitäten* そしつ(素質)

25 *Neukunden gewinnen* しんきこきゃく(新規顧客)を かいたく(開拓)する; *Firmenkunde* ほうじんこきゃく(法人顧客).

26 *verantwortlich sein für*… を たんとう(担当)する; *ein Netzwerk aufbauen* ネットワーク (network) を かいたく(開拓)する

27 *Kunden an sich binden* こきゃく(顧客)を こていか(固定化)する → *treue Kunden* ① こていきゃく(固定客) Die Kunden spricht man jedoch mit おとくいさま(お得意様) an、② とくいさき(得意先) = für Firmenkunden; *Großkunden* おおぐちこきゃく (大口顧客)

20 キャリア、りれきしょ
Anmerkungen

28 *Einstellung* さいよう（採用）; *Schulung* けんしゅう（研修）

KULTUR: Personalmanagement

Seit 1990 bemühen sich japanische Firmen um ein neues Personalmanagementsystem. Bis zur Wirtschaftskrise waren japanische Firmen für ihre Treue gegenüber ihren Angestellten, den *japanese salarymen*, berühmt. Diese Treue basierte auf dem in Japan entwickelten System der *„der lebenslangen Anstellung* しゅうしんこよう（終身雇用）[shûshin koyô]" und der Beförderung nach *„Senioritätsprinzip"* ねんこうじょれつ（年功序列）[nenkô joretsu]". In diesem System hatten talentierte junge Leute weder eine Chance auf Beförderung noch auf Gehaltserhöhung. Zu Beginn der Veränderungen setzten einige Firmen das Leistungsprinzip in seiner drastischen Form um. Aber in letzter Zeit ist ein neuer Trend erkennbar, der das Senioritätsprinzip damit verknüpft und sowohl die Erfahrung als auch die Leistung honoriert, mit dem Ziel, das Gefühl der beruflichen Unsicherheit unter der Bevölkerung zu verringern. Je nach Unternehmen bzw. Industriezweig fällt die Lösung unterschiedlich aus und nicht wenige Unternehmen entwerfen ihr eigenes System, um ihre Angestellten zu beruhigen und sich ihrer Solidarität zu versichern.

Bei diesen grundlegenden Veränderungen verlieren die Gewerkschaften an Macht. Die japanischen Gewerkschaften sind nicht nach Berufsgruppen oder Sektoren organisiert, sondern sind aus den einzelnen Firmen heraus entstanden und voneinander unabhängig. Sie nennen sich daher auch *„Betriebsgewerkschaften* きぎょうないろうどうくみあい（企業内労働組合）[kigyô-nai rôdô kumiai]". Sie verhandeln die Gehaltserhöhungen und Arbeitsbedingungen jedes Jahr mit dem Arbeitgeber Ende März bzw. Anfang April, dem Monat, an dem das Fiskaljahr in Japan beginnt. Diese Verhandlungen heißen *„Frühjahrsoffensive* しゅんとう（春闘）[shuntô]". Obwohl die japanischen Gewerkschaften weniger Macht haben als früher, beeinflussen ihre Verhandlungen jedes Jahr die Kaufkraft und die Konjunktur; für die Gewerkschaften ist es heutzutage noch wichtiger, die Details der Ergebnisse und den Kontext jedes Unternehmens zu analysieren und zu verstehen, um bessere Konditionen erzielen zu können.

Die Silbenschriften HIRAGANA und KATAKANA und ihre Aussprache

あ(ア)	a	い(イ)	i	う(ウ)	u	え(エ)	e	お(オ)	o
か(カ)	ka	き(キ)	ki	く(ク)	ku	け(ケ)	ke	こ(コ)	ko
さ(サ)	sa	し(シ)	shi	す(ス)	su	せ(セ)	se	そ(ソ)	so
た(タ)	ta	ち(チ)	chi	つ(ツ)	tsu	て(テ)	te	と(ト)	to
な(ナ)	na	に(ニ)	ni	ぬ(ヌ)	nu	ね(ネ)	ne	の(ノ)	no
は(ハ)	ha/wa	ひ(ヒ)	hi	ふ(フ)	fu	へ(ヘ)	he/e	ほ(ホ)	ho
ま(マ)	ma	み(ミ)	mi	む(ム)	mu	め(メ)	me	も(モ)	mo
や(ヤ)	ya			ゆ(ユ)	yu			よ(ヨ)	yo
ら(ラ)	ra	り(リ)	ri	る(ル)	ru	れ(レ)	re	ろ(ロ)	ro
わ(ワ)	wa							を(ヲ)	o
ん(ン)	n								

が(ガ)	ga	ぎ(ギ)	gi	ぐ(グ)	gu	げ(ゲ)	ge	ご(ゴ)	go
ざ(ザ)	za	じ(ジ)	ji	ず(ズ)	zu	ぜ(ゼ)	ze	ぞ(ゾ)	zo
だ(ダ)	da	ぢ(ヂ)		づ(ヅ)		で(デ)	de	ど(ド)	do
ば(バ)	ba	び(ビ)	bi	ぶ(ブ)	bu	べ(ベ)	be	ぼ(ボ)	bo
ぱ(パ)	pa	ぴ(ピ)	pi	ぷ(プ)	pu	ぺ(ペ)	pe	ぽ(ポ)	po

きゃ(キャ)	kya	きゅ(キュ)	kyu	きょ(キョ)	kyo
ぎゃ(ギャ)	gya	ぎゅ(ギュ)	gyu	ぎょ(ギョ)	gyo
しゃ(シャ)	sha	しゅ(シュ)	shu	しょ(ショ)	sho
じゃ(ジャ)	ja	じゅ(ジュ)	ju	じょ(ジョ)	jo
ちゃ(チャ)	cha	ちゅ(チュ)	chu	ちょ(チョ)	cho
にゃ(ニャ)	nya	にゅ(ニュ)	nyu	にょ(ニョ)	nyo
ひゃ(ヒャ)	hya	ひゅ(ヒュ)	hyu	ひょ(ヒョ)	hyo
びゃ(ビャ)	bya	びゅ(ビュ)	byu	びょ(ビョ)	byo
ぴゃ(ピャ)	pya	ぴゅ(ピュ)	pyu	ぴょ(ピョ)	pyo
みゃ(ミャ)	mya	みゅ(ミュ)	myu	みょ(ミョ)	myo
りゃ(リャ)	rya	りゅ(リュ)	ryu	りょ(リョ)	ryo